FRITZ GÉZA PIWETZ

Wie richtig sind Immobiliengutachten?
Wissenschaftlicher Irrtum oder triviale Wahrheit?

Meine stets bedachte und vorsichtige Frau Erika hat erfolglos versucht, mich vor den Folgen einer Veröffentlichung dieses Buches zu schützen. Jahrzehntelang redigierte sie mit bemerkenswert fachlicher Kompetenz meine Gutachten und trug Mitverantwortung. Nach spannenden Berufsjahren sollte es im Ruhestand gemütlicher werden. Mein plötzliches Sendungsbedürfnis passte eigentlich nicht in ihre Lebensplanung und dennoch ließ sie sich dankenswerter Weise in den Wochen der Entstehung dieses Buches immer wieder auf leidenschaftliche Sachdebatten mit mir ein. Auch wenn ich sie nicht immer überzeugen konnte, sie ertrug meine Höhenflüge. Dafür danke ich ihr!

Meinem Jugendfreund Kurt Konrad Leeb bin ich für seine kritischen Bemerkungen verbunden, da er mich da und dort auf Stellen im Skriptum aufmerksam machte, die für einen Immobilienlaien als zu abgehoben erschienen. Da das Buch kein Fachbuch werden sollte, nahm ich seine Hinweise zur Zurückhaltung gerne auf.

Graz, im September 2020

Vorwort

Das vorliegende Buch nimmt nicht für sich in Anspruch ein Fachbuch zu sein, sondern will Sachverhalte aufzeigen, die mir im Laufe meiner Gutachtertätigkeit als Gerichtssachverständiger im Immobilienbereich als problematisch erschienen.

Dieses Buch richtet sich vor allem an Immobilieninteressierte, aber auch an meinungsfeste Fachleute, die gegebenenfalls an einer Weiterentwicklung des Bewertungsgeschehens interessiert sind.

Auch wenn die vorliegende Schrift über längere Passagen hinweg den Eindruck erwecken sollte, mit der Bewertungstechnik würde alles im Argen liegen, so ist dies keineswegs die Absicht des Autors! Man soll sich aber sehr wohl darüber im Klaren sein: Die derzeit den Gutachtern vorgeschriebene und strikt einzuhaltende Vorgehensweise zur Erlangung eines so genannten „Verkehrswertes", wie sie von der Deutungshoheit verstanden wird ist eine Sache, aber welche Aussage sich Auftraggeber von Gutachtern erwarten, ist oft eine andere. Fachgerecht und systemimmanent erstellte Gutachten können im Sinne der einschlägigen Vorgaben naturgemäß ohnehin nicht „falsch" sein. So gesehen ist „offiziell" alles im Reinen. Was aber erwartet sich die Mehrzahl der durchschnittlichen Auftraggeber wirklich von Immobiliengutachtern und was bekommen sie geliefert?

Aus etlichen Gesprächen weiß ich, dass die Erwartung der Auftraggeber, die von Sachverständigen einfach nur den Markt- bzw. Verkaufswert einer Immobilie in Erfahrung bringen wollen, nicht zwangsläufig mit dem Resultat eines klassischen „Verkehrswertgutachtens" kongruent ist. Insbesondere die Definition des „Verkehrswertes" im Liegenschaftsbewertungsgesetz, kann missverständlich interpretiert werden. Komplizierte Rechenvorgänge und eine oft unverständliche Herangehensweise von

Gutachtern an das Bewertungsobjekt sind für den „Otto-Normalverbraucher" ohnehin kaum mehr erklärbar. Dennoch wird den Sachverständigen derzeit ein eingefrorenes Regelwerk vorgegeben, an das sie sich strikt zu halten haben.

Es ist jedem bewusst, zu welch folgeschweren Auswirkungen Missverständnisse führen können, geht es doch bei Immobilien meistens um sehr viel Geld: Immobilientransaktionen, Scheidungen, Verlassenschaftsabhandlungen, abgabenrechtliche Angelegenheiten oder sonstige bei Gericht streitbefangene Verfahren umspannen den reichhaltigen Themenbereich. Für Sachverständige selbst ist das Abgeben eines Gutachtens mitunter mit schwersten Konsequenzen verbunden – Grund genug, Vorgaben der Bewertungstechnik im Immobiliengeschehen immer wieder erneut als Diskussionsthema aufzugreifen.

Das Buch soll den Interessen der betroffenen Sachverständigen entgegenkommen, geht es doch nicht selten um Haftungsfragen empfindlichen Ausmaßes. In den vergangenen Jahren wurde dieses Phänomen zunehmend zum Problem für Gutachter, die zwar zumeist versichert sind, aber sich immer öfter den Angriffen von Auftraggebern und deren Rechtsanwälten mit schadensrechtlichen Folgen ausgesetzt sehen und Gefahr laufen, letzlich mit ihrem gesamten Hab und Gut geradestehen müssen.

Unbestritten ist, dass Verkehrswerte im Handels- und Rechtsverkehr gebraucht werden und daher vom Alltagsgeschehen nicht wegzudenken sind. Dass es dazu kompetenter Fachleute bedarf, die in der Lage sind, „nachvollziehbar" einen bestimmten qualifizierten Wert abzugeben, ist ebenfalls selbstverständlich. Leider verstehen aber unter „qualifiziertem Wert" nicht alle ein und dasselbe. Das einem breiterem Publikum vor Augen zu halten war ein wesentlicher Antrieb, dieses Buch zu schreiben.

Themen wie Immobilienversteigerungen oder Aufteilungsmöglichkeiten einer Liegenschaft mittels Wohnungseigentumsbegründung, einige Bemerkungen zum Thema Pazifizierung sowie eine Zukunftsvariante zur Liegenschaftsbewertung wurden schließlich als informative Abschnitte in die vorliegende Veröffentlichung aufgenommen.

INHALTSVERZEICHNIS

Einleitung 8
    Learning by doing 8

Immobilienwerte 10
    Die Bewerterzunft 10
    Wie wird ein Verkehrswert errechnet? 13
    Begriff „Verkehrswert" 14
    Die Suche nach dem Marktwert 18
    Akadämlich - Freies Denken unerwünscht 24
    Sind Obergutachten richtiger? 31
    Die Gutachtenserörterung 34
    Gerichte brauchen einen exakten Wert 41
    Echokammer und Immobilienpreise 44
    Alles schon dagewesen 46
    Zurückliegende Bewertungsstichtage 48
    Pauschalwertmethode 59
    Wertmaximierung 62
    Der Wert eines Zinshauses 67

Hedonische Verfahren 71
    Gewaltige Datenmengen 74
    Bewertungsschulen 79
    Warum wollen alle Sachverständige sein? 81

Die Abhängigkeit des Gutachters vom Netzwerk 84

Zwangsversteigerung und „Speckjäger" 86
    Heimtückische Versprechungen 86

Private Versteigerung 90
   Liegenschaftsverkauf einmal anders 90

Zeitrente und Mietkauf 93
   Zeitrente 94
   Mietkauf 95

Bauherren- Steuer- und Anlegermodelle 97

Bauten auf fremdem Grund (Baurecht/ Superädifikat) 99
   Verkehrswert eines Baurechtes/ Superädifikats 101

Immobilien - Neusprech 102

Immobilientrends 104

Parifizierung, eine österreichische Wichtigtuerei 106
     Ideelles Miteigentum 109
     Wohnungseigentum und Nutzwertgutachten 112
     Baubehördlicher Konsens 116
     Umparifizierung 117
     Allgemeine Teile 121
     Infos einholen 121
     Aufteilung von Immobilien unter Erben 123
     Neu/Zubau auf der elterlichen Liegenschaft 127

Wie man Richter und Rechtsanwälte richtig anredet 129
   Nomenklatur Immobiliensachverständige 136

Einleitung

Learning by doing

> Dass alle unsere Erkenntnis mit der Erfahrung anfange, daran ist gar kein Zweifel.
>
> Immanuel Kant

Angenommen sie besitzen ein Baugrundstück und wollen wissen, was sie im Falle eines Verkaufes dafür bekommen können, um es dann bestmöglich an den Mann zu bringen. Sie werden sich aller Wahrscheinlichkeit nach zunächst einmal erkunden, welche Preise die Nachbarn bei Verkäufen für ähnliche Grundstücke erzielen konnten. Vielleicht sind sie enttäuscht, weil sie sich einen höheren Wert erwartet hätten und sagen sich: Mein Grundstück hat eine viel schönere Lage und müsste folglich einiges mehr wert sein. Die Veröffentlichung in der lokalen Tageszeitung, wonach Grundstückspreise in ihrer Gegend angenommen zwischen 50 Euro und 200 Euro pro Quadratmeter liegen, sind nicht besonders hilfreich.

Sie beauftragen daher einen Makler mit dem Verkauf ihrer Liegenschaft, da anzunehmen ist, dass er über ausreichende Marktkenntnis verfügt. Er schätzt die Liegenschaft sehr optimistisch ein, da er ihre Immobilie vermitteln und sich auf diese Weise ihr Wohlwollen verschaffen möchte. Nach sechs Monaten intensivster Verkaufsbemühungen müssen sie aber enttäuscht erkennen, dass diese Einschätzung zu hoch war. Nun wollen sie Nägel mit Köpfen machen: Sie beauftragen einen Sachverständigen mit der Begutachtung des Grundstücks und stellen überrascht fest, dass der Gutachter ihre mittlerweile von ihnen selbst als unrealistisch und zu hoch erkannte Wunschvorstellung sogar noch höher einschätzt.

Gutmeinend äußert sich wenig später ein beigezogener Rechtsanwalt aufgrund seiner angeblichen Erfahrungen im Vertragsgeschäft zu einem absolut erzielbaren Preis, der seiner Überzeugung nach der richtige sei. Aus fiskaltechnischer Sicht warnt zu guter Letzt ein Steuerberater, dass ein Kauferlös ab einer bestimmten Höhe unangenehme Folgen haben könnte. Treffend könnte man sagen: Da steh´ ich nun ich armer Tor, und bin so klug als wie zuvor!

Dieses Szenario ist hoffentlich nicht der Regelfall, dass aber im Umgang mit Immobilien so manches schiefgehen kann, ist gar nicht so abwegig und der letzte Ausweg der „learning by doing"- Methode keine Absurdität.

Es geht aber oft nicht nur um bloße Verkäufe: Scheidungen oder Erbstreitigkeiten sind neben Immobilientransaktionen ebenfalls ständig anfallende Anlassfälle, um den Wert einer Immobilie in Erfahrung zu bringen. Ein Dauerthema in all diesen Fällen ist mehr denn je ein Hinterfragen um die Richtigkeit von Verkehrswertgutachten, geht es doch meist um beträchtliche Werte.

Das vorliegende Buch soll dem Leser einen Einblick in das Geschehen rund um „Immobilien" verschaffen, vielleicht kann sich der eine oder andere dadurch unangenehme Erfahrungen ersparen. Ein mit einer Immobilientransaktion oder Erbschaft konfrontierter Unbedarfter kann so manch unvorhergesehene Facetten erleben, denen er aber nicht hilflos ausgeliefert sein muss. Man hat unter Umständen mit Beratern zu tun, die angeblich ihr Fachgebiet beherrschen und einem sagen, wie es geht. Kann man einem Berater per se vertrauen oder sollte man doch lieber selbst seinen Verstand einzusetzen?

Um dazu in der Lage zu sein, muss man aber zuvor zumindest teilweise Kenntnis von Usancen rund um das Immobiliengeschehen haben, um die Spreu vom Weizen trennen zu können.

IMMOBILIENWERTE

DIE BEWERTERZUNFT

> Das ist seltsam, dass Männer, die sich für Sachverständige ausgeben, einander widersprechen und von einerlei Sache nicht einerlei Begriff haben
>
> Lukian (um 120-180)

Fragt man einen Sachverständigen um dessen Meinung, wie hoch der Verkehrswert einer Immobilie ist, so wird er in der Regel einwenden, dass es nicht um seine Meinung, sondern um das „Abbilden" unverrückbarer Tatsachen aufgrund fundierter und wissenschaftlich unterlegter Fachkenntnisse geht. Man könnte glauben, es handelt sich also praktisch um ein zu Papier gebrachtes, unumstößliches „Naturereignis". Mittlerweile ist die Bewertungslehre zu einer elitären Religion für eine selbstverliebte Fachelite geworden. Ein Sachverständigengutachten, welches dem Liegenschaftsbewertunggesetz im Kontext mit der ÖNORM entspricht, könne folglich nicht falsch sein, so ist die überwiegende Selbsteinschätzung der etablierten Expertokratie. Deshalb hat sie ihre kleine Dampfmaschine mit vielen Kolben, Rädchen, Ventilen und Pfeifen ausgestattet, die das alles sophistiziert.

Es ist ein Grundirrtum, zu meinen, daß ein Halbes und ein Halbes ein Ganzes geben.

Jakob Bosshart (1862 - 1924)

Der stille Hochmut, der die Kenntnis verborgener Zusammenhänge nährt, das Eingeweiht sein in Markt und Wissenschaft, lassen dem Außenstehenden mystisches Allwissen vermuten. Der Philosoph Jürgen Habermas bezeichnet diese Einstellung treffend als „elitäre Abspaltung von Expertenkulturen von den Zusammenhängen kommunikativen Alltagshandelns". Einige gefallen sich in ihrem vorgegebenen akademischen Geniestil, woraus die Überlegenheit und Ironie des Wissenden erwächst, die dann selbstgerecht zur Kenntnis nehmen, wie kritiklos sich ihre Auftraggeber überzeugen lassen. Der Laie hingegen fragt sich allerdings mitunter, wie es möglich ist, dass die Resultate solcher Weisheiten nicht selten so exorbitant weit auseinanderklaffen. Wie kann es beispielsweise sein, dass ein Immobilienexperte ein Einfamilienhaus mit 100.000 Euro und ein anderer dieselbe Liegenschaft mit 200.000 Euro oder mehr bewertet, obwohl sich beide Gutachter genau an genormte Vorgaben, etwa die ÖNORM gehalten und die Richtigkeit jeweils mit Siegel und Unterschrift bekräftigt haben.

In einem konkreten Fall errechneten Gutachter für ein und dieselben Seeliegenschaften in Kärnten vor nicht allzu langer Zeit völlig auseinanderklaffende Resultate: Ein Sachverständiger ermittelte einen Verkehrswert von 41 Millionen Euro, ein weiterer für dieselben Liegenschaften einen Wert von 21 Millionen Euro! Nächstes Beispiel: Eine Liegenschaft in der Obersteiermark erwarb ein Investor um 1,4 Millionen Euro aufgrund eines Sachverständigengutachtens, die wenige Monate danach von einem anderen Sachverständigen um neun (!) Millionen Euro geschätzt wurde. Es gibt immerhin Gutachter, die stolz von sich behaupten, aufgrund ihrer Erfahrung eine Immobilie ohnehin „aus dem Bauchgefühl heraus" bewerten zu können. Spätestens jetzt kann der Leser erkennen, dass ein Laie bei der Bewältigung einer scheinbar einfachen Angelegenheit einer nicht zu unterschätzenden Unberechenbarkeit ausgeliefert sein kann. Ein unbefriedigender Zustand, geht es doch bei diesen Vorgängen meistens um viel Geld.

Im Folgenden wird versucht, für die Leser den Schleier um das geheimnisvolle Bewertungsgeschehen etwas zu lüften. Gleichzeitig werden einige Schwächen im Bewertungsgeschehen aufgezeigt. Vor allem soll ein Plausibilitätsverständnis geweckt werden, sodass man künftig in der Lage ist, ein Gutachten mit kritischen Augen zu sehen.

WIE WIRD EIN VERKEHRSWERT ERRECHNET?

> Es gibt wenige Begriffe, über welche man sich schon so viel
> gestritten hat, wie über den Begriff des ›Wertes‹.
>
> Aachener Kritische Revue, 1891-1894

Prinzipiell leitet man den „Verkehrswert" von konkreten Kaufverhalten möglichst vieler Marktteilnehmer ab (transaktionsbezogene Bewertung) indem man Vergleiche anstellt, die Erkenntnisse daraus entsprechend analysiert und auf ein zu bewertendes Objekt transferiert. Vereinfacht gesagt: Wenn im Marktgeschehen eine größere Anzahl von Nachfragenden für Immobilien mit bestimmten Eigenschaften in vergleichbaren Lagen annähernd gleiche Preise zu zahlen bereit waren, so könne man daraus Rückschlüsse ziehen, die zu einer Aussage über den Verkehrswert der zu bewertenden Liegenschaft führen. Es gibt drei Hauptgruppen von Bewertungsverfahren, wobei ein Sachverständiger die Wahl zu treffen hat, welche dieser Methoden er wählt. Es können gegebenenfalls auch mehrere Verfahren zur Erlangung eines Ergebnisses führen:

1. Vergleichswertverfahren
2. Ertragswertverfahren
3. Sachwertverfahren.

Beim *Vergleichswertverfahren* bringt man das Bewertungsobjekt mit ähnlichen Immobilien, die in zeitlicher und räumlicher Nähe verkauft wurden in Beziehung und zieht daraus entsprechende Rückschlüsse.

Für die Wertfindung von Liegenschaften, die sich eher für eine Vermietung eigen (z.B. Zinshaus) steht der Ertrag im Vordergrund, daher leitet man in diesen Fällen den Wert meist aus einem *Ertragswertverfahren* ab. Dahinter steht die Überlegung, dass eine Liegenschaft nur soviel wert ist, als letztlich Nutzen daraus zu ziehen ist. Bei dieser Berechnungsart gelangt man über die Kapitalisierung des nachhaltig erzielbaren Mietzins zum Ertragswert.

Der *Sachwert* setzt sich aus dem Wert eines Grundstückes sowie der darauf befindlichen Gebäude zusammen. Bei der Berechnung von Gebäuden wird ausgehend von Neubaukosten das Alter und der Gebäudezustand zum Bewertungsstichtag berücksichtigt und entsprechend relativiert.

Begriff „Verkehrswert"

Was man unter *Verkehrswert* versteht, ist in Österreich im Liegenschaftsbewertungsgesetz auf den ersten Blick einfach und logisch wie folgt definiert:

„Verkehrswert ist der Preis, der bei einer Veräußerung der Sache üblicherweise im redlichen Geschäftsverkehr für sie erzielt werden kann." [1]

Was heißt dieses *„kann"*? Wird man um den errechneten Wert (jedenfalls) verkaufen können? Heißt das, die Immobilie *hat* (?) den vom Sachverständigen festgestellten (Verkaufs-)wert?

So versteht es jedenfalls der Otto Normalverbraucher und wahrscheinlich auch die Mehrzahl der Sachverständigen selbst und unter dieser Prämisse werden tagtäglich Verkehrswertgutachten erstellt. Wenn es wirklich so gemeint ist, dass um den Verkehrswert im oa. Sinne jedenfalls verkauft werden kann - und davon gehen die meisten Auftraggeber aus - dann weiß man zum Zeitpunkt der Gutachtenserstellung bereits was sein wird.

---

[1] Liegenschaftsbewertungsgesetz (LBG) § 2 Abs. 2

Oder aber man interpretiert den Paragraphen dahin, dass das „kann" weitere Interpretationsmöglichkeiten offenlässt, weil „kann" im Sinne von „könnte" nicht unbedingt sein „muss". Offensichtlich bedarf es erst einer Exegese, um die Gesetzeserwartung richtig deuten zu können. Diese Diskrepanz kann nicht deutlich genug ausgesprochen werden. Immobilienbesitzer und solche, die es werden wollen, sollten das wissen, um sich ihre eigenen Gedanken um den Aussagewert eines Gutachtens machen zu können.

Der Gerichtssachverständige Prof. Dipl.-Ing. Franz Josef Seiser, Autor des in Österreich als Standardwerk für Immobilienbewertung anerkannten Buches „Der Wert von Immobilien", Seiser-Kainz, ist sich der angesprochenen Problematik bewusst: „Ob mit der Gesetzesdefinition ‚Verkehrswert' jener Wert zu verstehen ist, der am Markt letztlich auch erzielt werden kann, darüber könnte man vielleicht diskutieren. Aber das Liegenschaftsbewertungsgesetz selbst setzt eindeutige Vorgaben. Bei fachgerechter und konsequenter Anwendung dieser Vorgaben dürften daher Ermittlungsergebnisse derselben Liegenschaft nicht wesentlich voneinander abweichen."

Folgt man dieser Interpretation, geht es legitim und vorrangig um das Einhalten einer strikt vorgegebenen Spur, wobei für die Bewertung Wertermittlungsverfahren angewendet werden sollten, die dem jeweiligen "Stand der Wissenschaft" entsprechen (§ 3 Abs. 1 LBG). Wie aber wird dieser strikte Auftrag in der Praxis umgesetzt und welches Ergebnis kann man damit erreichen? Selbst unter Einbeziehung „lebender" Zahlen, die man vom Markt ableitet, kann den Vorgaben gemäß nur schemenhaft gerechnet werden. Dabei werden Regeln beachtet wie etwa: Vergleichsobjekte, die 35 % über oder unter einem Zentralwert liegen, sind nicht heranzuziehen. Oder: Gebäude haben aufgrund bestimmter Merkmale eine fix angenommene Restnutzungsdauer, nicht mehr und nicht weniger! Weiters: Die Konfiguration eines Grundstückes wird gegebenenfalls wertmäßig differenziert erfasst, indem man die Fläche in Trapeze, Dreiecke und Rechtecke gliedert, („fachgerecht"?) unterschiedlich bewertet und letztlich summiert. Um die Lage einer Liegenschaft ausreichend richtig einzuschätzen, wird mit hundertstelgenauen Umrechnungskoeffizienten operiert und Marktkorrekturen werden mittels Regressionsfunktionen bestimmt. Man fragt sich, was man mit diesen Spitzfindigkeiten erreichen will. Geht es vorrangig darum, nach außen hin möglichst kompetent zu vermitteln, dass man ohnehin alles berücksichtigt hätte? Ein "ja" drängt sich in diesem Zusammenhang auf, wenn man sich die vorgetäuschte Präzision mit den Usancen im praktischen Immobiliengeschehen vor Augen hält, wo je nach Betragshöhe schnell zigtausende Euro auf oder ab von handelnden Personen akzeptiert werden.

Mit diesen Beispielen sind nur einige Schöpfungen aus dem reichhaltigen Reservoir eines Sachverständigenlabors genannt. Ein auf diese Weise wissenschaftlich absolut korrekt und überwiegend theoretisch errechnetes *modellhaftes Konstrukt* wird fraglos einer bestimmten Vorgabe und gewissen Erwartungshaltungen entsprechen.

Nach dem weitaus überwiegenden Verständnis der Auftraggeber von Gutachten geht man aber wohl davon aus, dass der ermittelte "Verkehrswert" anlässlich eines Verkaufes auch tatsächlich erzielt werden kann. Ob das mit den vorhin aufgezeigten Methoden erreicht wird, die auf theoretischen Modellen fußen, bleibt dahingestellt. Es wird zwar behauptet, dass auch die Modelle aus dem Marktgeschehen jeweils empirisch abgeleitet sind und folglich Anspruch auf Richtigkeit haben. Dem muss entgegengehalten werden, dass es in Wirklichkeit keinen standardisierten Immobilienhandel gibt, folglich können auch keine zweckorientierten Daten abgeleitet werden.

Allein diese Kenntnis könnte beispielsweise in einem Aufteilungsverfahren für einen Erben, der vielleicht noch nicht so viel mit Immobilien zu tun hatte, eine wichtige Rolle spielen. Schon aufgrund dieses Wissens hätte er durchaus gute Chancen, durch einen qualifizierten Einspruch gegebenenfalls zigtausende Euro zu gewinnen. Sollten sie also der Meinung sein, dass das zur Debatte stehende Gutachten unrealistisch ist, so können sie aus dem vorhin genannten Grunde durchaus entsprechende Gegenargumente ins Treffen führen, die ihr Gegner erst einmal entkräften muss.

DIE SUCHE NACH DEM MARKTWERT

Die Dinge haben nur den Wert, den man ihnen verleiht.

Molière (1622 - 1673)

Die Wahrheit ist doch, dass das individuelle Kaufverhalten der Marktteilnehmer im Liegenschaftsverkehr nur bedingt bis gar nicht messbar ist, schon gar nicht mit den derzeit vorgesehenen Bewertungsverfahren und Möglichkeiten. Dessen soll man sich einmal bewusst sein! Während hingegen die Naturwissenschaften in der Lage sind, konstante Beziehungen zwischen Größen festzustellen, bestehen auf dem Gebiet des menschlichen Handelns keine solchen konstanten Beziehungen; es kann daher auch keine zuverlässige Möglichkeit zur Messung geben. Wir werden vielleicht schon in naher Zukunft per Internet binnen Sekunden verblüffend genaue *Schätz*gutachten abrufen können, denn was sich in der Daten- und Computerwelt derzeit gerade abzeichnet (KI = Künstliche Intelligenz), wird uns noch alle überraschen, prophezeien uns Zukunftsforscher. Aber selbst, wenn uns Algorithmen das Kaufverhalten der Menschen aufgrund zigtausender Daten im Marktgeschehen besser denn je prognostizieren können, letztlich wird auch diese *„Schätzung"* immer nur eine *Prognose* sein.

Mangels Alternativmöglichkeiten werden heute (noch) laufend Liegenschaftsbewertungen aufgrund von teilweise leider auch immer wieder vorgetäuschter Marktkenntnis im Vergleichswert- wie auch im Ertragswertverfahren angeblich wissenschaftlich abgesicherte Rückschlüsse getroffen, die - so argumentiert man - ohnehin das menschliche Marktverhalten miteinschließen würden. Dieses Argument klingt zwar vordergründig vertrauenserweckend, wir müssen aber ehrlicherweise feststellen, dass dies aus den oben genannten Gründen gar nicht möglich ist. Die Folge sind Fehlergebnisse, wie sich nach konkret erfolgten Verkäufen im Nachhinein häufig herausstellt.

An dieser Stelle soll eine Publikation des BWL-Instituts Basel wiedergeben werden, wie man die angesprochene Problematik gar nicht besser beschreiben kann:

„Aus gesamtwirtschaftlicher Sicht wirken auf den Immobilienmarkt bzw. dessen Teilmärkte insbesondere die Einflussfaktoren Konjunktur, Kapitalmarktzinsen, Inflation und staatliche Maßnahmen. Daneben existieren noch zahlreiche weitere Einflussfaktoren wie beispielsweise demographische Entwicklung, sozioökonomische Faktoren, technischer Fortschritt und zunehmende Internationalisierung. Allerdings überlagern sich diese Einflussfaktoren bzw. sind miteinander netzartig verknüpft, so dass keine dieser Determinanten monokausal die kurzfristige Entwicklung des Immobilienmarktes erklären kann. Zudem werden die jeweiligen Immobilienmärkte in unterschiedlicher Art und Weise von diesen beeinflusst und unterliegen somit eigenständigen Zyklen. Ferner wird der Immobilienmarkt entscheidend von seiner Eigendynamik getrieben, die „normalen" Zusammenhänge außer Kraft setzt und die nicht prognostizierbar ist. Mithin kann es im Umfeld einer positiven Marktstimmung, verstärkt durch das kurzfristig unelastische Angebot, rasch zu einer ‚shortage illusion' (Spekulationsblase) am Immobilienmarkt kommen, die zu einer weiteren Nachfragesteigerung führt.

Zusammenfassend kann festgehalten werden, dass sich infolge der angeführten Sachverhalte der Immobilienmarkt als solcher durch geringe Markttransparenz auszeichnet. Ein standardisierter Handel von Immobilien bzw. die Institutionalisierung des Immobilienmarktes ist daher nicht möglich. Er unterscheidet sich somit in erheblichem Maße von dem Idealbild eines vollkommenen Marktes. Infolge der fehlenden unmittelbaren Beobachtbarkeit des Marktwerts einer Immobilie am Markt kann dieser lediglich als hypothetischer Marktwert mittels geeigneter Wertermittlungsverfahren bestimmt werden. Hierbei stellt jedoch die mangelnde Datenverfügbarkeit infolge der Unikatseigenschaft von

Immobilien und die unzureichende Transparenz des Immobilienmarktes das zentrale Problem dar.

[…] Folglich muss der hypothetische Marktwert einer zu bewertenden Immobilie als künstliche Wertgröße weitgehend typisiert bestimmt werden. Daher ist der hypothetische Marktwert bloß ein objektivierter Preis, der am wahrscheinlichsten am Markt erzielt werden könnte"

Die Schweizer Autoren sprechen richtigerweise und ohne Umschweife von einem "hypothetischen Marktwert". Insbesondere in Österreich lässt man im Liegenschaftsbewertungsgesetz stattdessen in der Begriffsdefinition "Verkehrswert" unglücklicherweise Interpretationsmöglichkeiten offen.

Wäre es daher nicht ehrlicher sehr deutlich zu sagen: was sein könnte? Dass der Sachverständige hinsichtlich eines *Marktwertes* nur eine Prognoseaussage trifft und dabei der Charakter einer bloßen „Einschätzung" stärker herausgestellt wird? Der Begriff „Schätzung" der meines Erachtens angebrachter wäre, war übrigens in Österreich vor Inkraftsetzung des Liegenschaftsbewertungsgesetzes ohnehin schon einmal evident und Gutachter hatten sich damals an die sogenannte „Realschätzordnung" zu orientieren.

Interessant ist in diesem Zusammenhang die Begriffsdefinition des Dr. Th. Christen in seiner Freiland- und Freigeldfibel, wenn er schreibt: „Unter Preis einer Sache verstehen wir die genaue Geldsumme, die für die Sache gezahlt *wird*. Unter Wert derselben Sache verstehen wir die Geldsumme, die man nach Lage des Marktes hofft, als Preis erzielen zu können. Für den ‚Wert einer Ware' muss man den Käufer suchen; für den Preis dieser Ware ist der Käufer gefunden. Der Preis ist also eine Tatsache, der Wert eine Hoffnung, eine Schätzung. Was mehr über die Sache gesagt wird, entspringt unklaren Gedanken."[1]

In Deutschland wird der Verkehrswert im Baugesetzbuch (BauGB, § 194) kaum anders als in Österreich definiert:
„Der Verkehrswert (Marktwert) wird durch den Preis bestimmt, der in dem Zeitpunkt, auf den sich die Ermittlung bezieht, im gewöhnlichen Geschäftsverkehr nach den rechtlichen Gegebenheiten und tatsächlichen Eigenschaften, der sonstigen Beschaffenheit und der Lage des Grundstücks- oder des sonstigen Gegenstands der Wertermittlung ohne Rücksicht auf ungewöhnliche oder persönliche Verhältnisse zu erzielen *wäre*."

Im Gegensatz zu Österreich und Deutschland gibt es im angelsächsischen Raum jedoch keine vergleichbare Definition des Marktwertbegiffes. Für den „Market Value" gibt es eine einheitlich lautende Definition nach TEGoVA, IVSC und MRICS, in der von „Schätzung" die Rede ist:

"Market Value is the estimated amount for which an asset or liability should exchange on the date of valuation between a willing buyer and a willing seller in an arm's length transaction after proper marketing where the parties had each acted knowledgeably, prudently and without compulsion."

Die deutsche, sinngemäße Übersetzung lautet folgendermaßen:

„Der Marktwert ist der *geschätzte* Betrag, für welchen ein Immobilienvermögen am Tag der Bewertung zwischen einem verkaufsbereiten Veräußerer und einem kaufbereiten Erwerber, nach angemessenem Vermarktungszeitraum, in einer Transaktion im gewöhnlichen Geschäftsverkehr ausgetauscht werden sollte, wobei jede Partei mit Sachkenntnis, Umsicht und ohne

---

[1] Christen, Freiland- und Freigeld-Fibel (German Edition) (Kindle-Positionen 520-526). Kindle-Version.

Zwang handelt." Immerhin spricht man hier von einem „geschätzten" Betrag!

Protagonisten im österreichischen Bewertungsgeschehen sind heute sehr bemüht, eine wasserfeste wissenschaftlich fundierte Anleitung bereitzustellen, damit Gutachter schwer widerlegbare Ergebnisse zu liefern in der Lage sind – nicht zuletzt aus Haftungsgründen. Man muss sich aber fragen, wohin die immer schwieriger werdende, für Sachverständige selbst bald kaum mehr zu bewältigende Aufgabenstellung führt, wenn der derzeitige, extrem ausufernde wissenschaftliche Trend weiterhin anhält. Da wissenschaftliches Wissen immer vorläufiges Wissen ist, sollte man für eine Weiterentwicklung offen sein, zumal Ergebnisse aufgrund der heute strikt einzuhaltenden Regeln mit der Realität nicht immer etwas zu tun haben müssen.

Das heißt natürlich nicht, dass man schätzen soll, wie zu Zeiten der Monarchie. Erfreulicherweise haben im Bewertungsgeschehen in den zurückliegenden Jahrzehnten epochale Standardverbesserungen stattgefunden, daran erinnern heute kaum mehr vorstellbare Beispiele:

So etwa „ermittelte" ein Sachverständiger zu Kaisers Zeiten einen Grundstückswert nahe Budapest, ohne das Grundstück je besichtigt zu haben. In einem anhängigen Prozess in Wien rechtfertigte sich der Sachverständige damit, dass er zum Zeitpunkt der Auftragserteilung krankheitsbedingt im Bett lag und aus diesem Grunde eine Besichtigung nicht möglich war. Die Schätzung erfolgte daher aufgrund von diversen Unterlagen, die ihm vom Auftraggeber ausgehändigt worden waren. Aber auch Anfang des 20. Jahrhunderts hatten Gutachten eine kaum bessere Qualität wie nachstehend angeführte Exekutionsschätzung aus dem Jahr 1904 zeigt; immerhin war der Sachverständige aber am Ort des Geschehens.

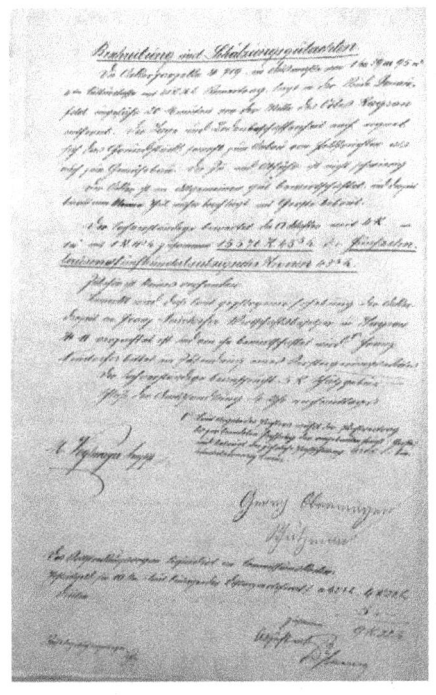

Links: Ein sehr spärlich gehaltenes Schätzgutachten aus dem Jahre 1904 anlässlich einer Exekution, KG Kagran, EZ 26: „*Die Ackerparzelle Nr. 719, im Ausmaße von 1 ha 39 ar 95 m^2 ...... mit 41 K 36 h Reinertrag, liegt in der Riede Donaufeld, ungefähr 20 Minuten von der Mitte des Ortes Kagran entfernt. Der Lage und Beschaffenheit nach eignet sich das Grundstück ... zum Anbau von Feldfrüchten als auch zum Gemüsebau. Die Zu- und Abfuhr ist nicht schwierig. Der Acker ist im Allgemeinen gut bewirtschaftet, und derzeit bis auf einen kleinen Teil, welcher brachliegt, mit Gerste bebaut. Der Sachverständige bewertet die ▭ Klafter mit 4 K. =1 m^2 mit 1 K. 11^{3h} zusammen 15.576 K. 43^5 h d. i. fünfzehntausendfünfhundertsiebzigsechs Kronen 43^5 h. [das sind ~ 100.000 Euro, umgerechneter und valorisierter Wert im Jahr 2018, Anm. d. A.] Zubehör ist keines vorhanden.*
Bemerkt wird, daß laut gepflogener Erhebung der Acker derzeit an Franz Neudorfer, Wirtschaftsbesitzer in Kagran Nr. 11 verpachtet ist und von ihm bewirtschaftet wird. Franz Neudorfer bittet um Zusendung eines Versteigerungsediktes.
Der Sachverständige beantragt 5 K. Schätzgebühr. [= 34,20 Euro, umgerechneter und valorisierter Wert 2018, Anm. d. A.] Schluß der Verhandlung 4 Uhr nachmittags."

(Quelle: Wiener Stadt- und Landesarchiv, MA 8)

AKADÄMLICH - FREIES DENKEN UNERWÜNSCHT

> Der Akademikergeist neigt immer dazu, an einmal aufgenommenen Meinungen festzuhalten und sich dabei als Hüter der Wahrheit vorzukommen.
>
> Henri de Saint-Simon (1760 - 1825)

Die derzeit bevorzugten theoretischen Modellberechnungen sind begrenzte axiomatische Systeme.[1] Die Betonung sollte auf „begrenzte" liegen, denn deduktive Schlussfolgerungen, wie sie in der Bewertungslehre vorgegeben wird, sind eben nur begrenzt im wahrsten Sinne des Wortes! Wollte man daraus Werte ableiten, so muss man sich fairerweise auch eingestehen, dass man mit herkömmlichen und derzeit möglichen Mitteln keinen abgesicherten Schluss vom Allgemeinen auf das Besondere treffen kann. Zurzeit ereifert sich die Deutungshoheit unter Verweis auf die einzige Richtigkeit von Modellgutachten, exakte Anleitungen mit kanonischem Charakter zu geben und diese eisern einzufordern und wer sich nicht daranhält, gilt als "revisionistisch" und läuft Gefahr, von der sachkundigen Glaubensgemeinschaft auseinandergenommen zu werden. In diesem Zusammenhang passt das Zitat des anerkannten Physikers Lord Kelvin: „Schwerer als Luft? - Solche Flugmaschinen sind unmöglich!" Ihm waren zur damaligen Zeit offenbar nur jene Auftriebskräfte bekannt, die auf den Unterschieden von Dichte und spezifischem Gewicht beruhen, nicht jedoch jene der Aerodynamik.

---

[1] Wikipedia: Ein Axiomensystem ist ein System von grundlegenden Aussagen, Axiomen, die ohne Beweis angenommen und aus denen alle Sätze (Theoreme) des Systems logisch abgeleitet werden. Die Ableitung erfolgt dabei durch die Regeln eines formalen logischen Kalküls.

Unsere Immobilienbewertungs-Expertokratie setzt leider auch wie Lord Kelvin weiterhin auf Fesselballone: An die Spitze getrieben wurde zuletzt die Regulierungswut in Österreich mit einer genauen Bewertungsanleitung, der kürzlich neu herausgegebenen, komplexen ÖNORM B 1802-1, die eine Vielzahl von strikt einzuhaltenden Vorgaben auflistet.

Offensichtlich reichte den regulierungssüchtigen Initiatoren das Liegenschaftsbewertungsgesetz nicht. Vice versa macht diese Norm Sachverständige angreifbarer denn je; für sie wird dieses Schrift'l wahrlich a Gift'l. In dieser Gebrauchsanleitung sind beinahe alle darin angeführten Punkte zwar im ersten Augenblick jeweils in sich scheinbar logisch; aber ob es möglich ist, die strikten Vorgaben in der Praxis erfüllen zu können, das muss bezweifelt werden. Wird ein Pünktchen dieser Vorschriften in einem Gutachten nicht eingehalten, hat man schnell Haftungsprobleme. "Nullum crimen, nulla poena sine lege", lernen junge Studenten der Rechtswissenschaften schon in den ersten Vorlesungen; aber „keine Gesetze", das wäre schlecht für das Geschäft so mancher vortragenden Juristen und solcher, die sich mit ihren Aufsätzen und Kommentaren gerne ein ordentliches Zubrot verdienen. Unverständlicherweise begrüßt diese Regulierungswut gegen ihre Eigeninteressen auch eine erhebliche Zahl von Claqueuren unter den Sachverständigen.

Wer glaubt, dass ein Argument richtig ist,
nur weil es gedruckt steht, ist ein Idiot.

Jüdisches Sprichwort

Seriöse Gutachter sind mit nachstehender Beschreibung selbstverständlich nicht angesprochen, aber Aufgeblasenheit scheint mitunter wichtigtuenden Sachverständigen inhärent zu sein: Je komplizierter, desto größer der wissenschaftliche Anschein. Elaborate in Buchform mit Charts, Tabellen, Fotos und oft zig Seiten Füllmaterials schauen zugegeben bei erster Sicht kompetent aus, können aber nicht darüber hinwegtäuschen, dass nur mit Wasser gekocht wird; das Ergebnis wird deshalb nicht richtiger. "Ein Modell, das die Realität nicht erklären kann, taugt nichts, egal wie kompliziert es ist. Die riesigen mathematischen Formeln haben meistens weniger den Zweck zu informieren, als den Sinn, den Zuschauer zu beeindrucken und davon abzuschrecken, Widerspruch anzumelden oder ketzerische Fragen zu stellen." [1]

So mancher Immobilienexperte mit seiner Anspruchshaltung auf behauptete wissenschaftliche Kompetenz wird aber mittlerweile von immer mehr Lesern durchschaut, da ja heutzutage nicht nur Immobiliensachverständige bunte Diagramme aus Excel-Tabellen generieren können. Elendslange erklärende und abgegriffene Textpassagen, die aussehen sollen, als wären diese dem sachverständigen Genie soeben unter Einfluss des Heiligen Geistes eingegeben und als neue wissenschaftliche Erkenntnis zu Papier gebracht worden, lassen sich im Computerzeitalter bekanntlich mühelos kopieren. Aber offensichtlich wirkt das Schaumschlagen bei einigen „Spezialisten" da und dort noch immer. Der österreichische Nationalökonom und ehemalige Finanzminister Schumpeter sagte Anfang des 20. Jahrhunderts sehr treffend: „Wir sind eher geneigt einem wissenschaftlichen Irrtum zu folgen, als der trivialen Wahrheit".

Derzeit heißt die Devise ganz klar: Alles muss genormt sein. Mag sein, dass Verordnungen derzeit im Trend liegen. Man sollte aber der Kreativität des denkenden Sachverständigen damit nicht unnötig Fesseln anlegen.

Dagegen spricht aber allzu oft die Diktatur der Korrepetitoren in den Sachverständigengremien und Verbänden. George Bernhard Shaw sagte einmal: „Der vernünftige Mensch passt sich der Welt an. Der Unvernünftige versucht hartnäckig, die Welt an

---

[1] Krall, Der Draghi-Crash

sich anzupassen. Daher hängt aller Fortschritt vom unvernünftigen Menschen ab."
Die absolute Einhaltung der Normen, spendet dem Schwachen Orientierung und gibt ihm scheinbare Sicherheit vor Haftungen. Zudem hat sich die vorgegebene „richtige Lehre" in den Köpfen der sachverständigen Scholastiker schon so festgesetzt, dass sie bereits selbst von der absoluten Richtigkeit ihrer Arbeiten überzeugt sind. Andere lassen sich bekanntlich am besten von etwas überzeugen, wenn man selbst restlos an diese Sache glaubt.

Die Immobilienbewertung sollte eine „ergebnisoffene Wissenschaft" sein, die ständig auf die sich ändernden Marktverhältnisse einzugehen in der Lage ist. Zusätzliche Umsetzungsrichtlinien als Ergänzung zum Liegenschaftsbewertungsgesetz könnten dabei positive Impulse im Bewertungsgeschehen setzen.

Der in Gesetzen, Verordnungen, unzähligen Bewertungsbüchern und Aufsätzen festgelegte „Stand der Wissenschaft" ist zugegeben und ohne Zweifel innerhalb der modellhaften Bewertungsmethoden beeindruckend. Ob die darin vorgegebenen Anleitungen aber letztlich vom „Gutachter" auch immer richtig angewandt werden oder angewandt werden *können*, ist in vielen Fällen ein weiteres zu hinterfragendes Problem. Über das Wort „Gutachter" im Bewertungsgeschehen, sollte man in diesem Zusammenhang nachdenken: Er, der „Gut-achter" achtet in der Regel vorrangig nur gut darauf, im Sinne der Syndikatsvorgaben richtig zu rechnen.

Mag schon sein, dass es Gutachter aufgrund von Selbsteinschätzungen so gut wie möglich gemacht haben, aber man sollte so ehrlich sein und am Ende des „Gutachtens" zugeben, dass sich der Wert aufgrund vorgegebener Ansätze und Bewertungsmethoden (bloß) errechnet hat. Denn in Wirklichkeit haben wir es allzu oft ohnehin nur mit einer heuristischen Hilfsannahme zu tun, was derzeit von der Bewertungselite naturgemäß in Abrede gestellt wird. Heuristik bezeichnet bekanntlich die Kunst, mit begrenztem Wissen, unvollständigen Informationen und wenig Zeit dennoch zu wahrscheinlichen Aussagen oder praktikablen Lösungen zu kommen.

Nur ja nicht aus dem Rahmen fallen

> Eine nachgesprochene Wahrheit verliert schon ihre Grazie,
> aber ein nachgesprochener Irrtum ist ganz ekelhaft.
>
> Johann Wolfgang von Goethe

Ein *systemimmanentes* Gutachten muss per se nicht falsch sein. Wie bereits oben beschrieben, kann jedoch so ein Gutachten nach allgemeiner Erwartungshaltung der Auftraggeber gänzlich anders verstanden werden. Da wird von zwei verschiedenen Dingen gesprochen. Sachverständige haben es natürlich leichter, wenn sie dem Mainstream ihrer Fachobrigkeit entsprechen. Ob mit dieser Einstellung genüge getan ist, sei dahingestellt. Wenn ein Auftraggeber etwas Bestimmtes erwartet, so sollte man zumindest versuchen diesem Wunsch zu entsprechen, auch wenn es gerade nicht so Usus ist. Nur tote Fische schwimmen mit dem Strom!

Das sind die Weisen,
die durch Irrtum zur Wahrheit reisen,
die bei dem Irrtum verharren,
Das sind die Narren.

Friedrich Rückert (1788 - 1866)

Jetzt erhebt sich aber nun mit Recht die Frage: Wie macht man es dann richtig? Dazu eine passende Aussage, die man Karl Kraus zuordnet: „Ich kann kein Ei legen, aber ich weiß, dass es stinkt." Es ist aber erfreulicherweise am Horizont bereits abzusehen, dass sich im Bewertungsgeschehen etwas Epochales tut. Kreative und intelligente Wahrheitssuchende geben sich immer weniger mit Axiomen in einem vorgegebenen „fraim" zufrieden und wagen mitunter ein Abweichen von einem gewissen „Rudelverhalten". Es sind moderne Pragmatiker, die sich nicht hinter dem Schild des Systems verstecken und der Buchstabenanbeterei erliegen. In diesem Zusammenhang sei das Stichwort „Hedonisches Verfahren" genannt, das in diesem Buch in einem eigenen Kapitel behandelt wird. Unglaubliche Möglichkeiten, die erst Computer ermöglichen, werden in Zukunft Realität sein. Computergutachten mit Hilfe der „Künstlichen Intelligenz" (KI) werden dann um einen Bruchteil der heutigen Kosten möglich sein. Die Ergebnisse sind insbesondere im Vergleichswertverfahren aufgrund der enormen Datenfülle bereits jetzt schon überraschend brauchbar.

SIND OBERGUTACHTEN RICHTIGER?

> Sie können es, weil sie es zu können scheinen.
> Possunt, quia posse videntur.
>
> Vergil (70 v. Chr. - 19 n. Chr.)

Wird ein Obergutachter bestellt, ist allgemein zu hoffen, dass dieser ein besseres Werk zustande bringt. Zumindest wird er sich bemühen, augenscheinlich vorliegende Widersprüche in einem Erstgutachten nicht zu wiederholen. Ob er mit seinem Gutachten tatsächlich richtiger liegt, wissen die Götter.

Ist erst einmal ein Gutachten am Tisch und ist dieses zu hinterfragen, so ist es nicht abwegig, dass ein weiterer Gutachter die Sache völlig anders sieht, weil seiner Behauptung nach ein falsches Bewertungsverfahren gewählt oder für die Bewertung angeblich ungeeignete Grundstücke als Vergleichsobjekte herangezogen wurden. Den methodischen Ansatz zur Wertfindung sowie die dabei verwendeten Rechengrößen kann man de facto immer anders anlegen und das Erstgutachten folglich auch bestreiten und widerlegen. Selbst ein gut durchdachtes, schlüssiges und in sich logisch aufgebautes Gutachten mit der richtigen Verarbeitung der zugrunde gelegten Rechengrößen ist aber deshalb noch lange nicht der Weisheit letzter Schluss. Es handelt sich hierbei zunächst einmal bloß auch nur um ein fachlich theoretisches Konstrukt, bei dem es leider nicht selten vorrangig um das Rechthaben des Zweitgutachters geht. Bekommt dieser nämlich den Auftrag ein Gutachten zu erstellen, dann seziert dieser das Vorgutachten in der Regel mit besonderem Eifer, da er ja in den meisten Fällen davon ausgehen kann, dass sein Auftraggeber mit dem Erstgutachten nicht zufrieden ist und ein anderes Ergebnis erwartet. Eigentlich eine unangenehme Arbeit, die dem Sachverständigen auch Charakterstärke abfordert.
Mittlerweile hat sich das Erstellen von "Gegengutachten" zu einer Geschäftsnische entwickelt. Ich kenne Sachverständige, die

sich mit Kollegengutachten sogar sehr gerne auseinandersetzen und damit auch gut verdienen.

„Obergutachter" kennt man üblicherweise nur in gerichtsanhängigen Verfahren. Sie werden als solche bezeichnet, wenn in einem Gerichtsverfahren bereits ein vom Gericht bestellter Gutachter tätig war und ein Obergutachter zu strittigen Fragen entweder zur Klärung beitragen soll oder gleich ein neues Gutachten zu erstellen hat. Man erhofft sich dadurch gegebenenfalls strittige oder unklare Feststellungen des Vorgutachters ausräumen zu können.

Wenn ein Gerichtsgutachter privat beauftragt wurde, dann ist ein Gutachten in einem Gerichtsverfahren gegebenenfalls nur bedingt relevant, da Gerichte in der Regel von sich aus Gutachter ihres Vertrauens bestellen. Aus diesem Grunde sollte man sich die Beauftragung eines Privatgutachters gut überlegen, wenn bereits abzusehen ist, dass sich eine Auseinandersetzung nur mehr vor Gericht austragen lässt. Ausnahmen bestätigen aber die Regel: In bestimmten Fällen kann auch die Expertise eines zuvor beauftragten Privatgutachters in ein Verfahren einbezogen werden. Die Annahme, dass man in einer Auseinandersetzung die besseren Karten hat, wenn man einen von der Augenblicksmehrheit getragenen Superstar als Sachverständigen an seiner Seite hat, ist nicht ganz von der Hand zu weisen. Aber selbst ein Superstar unter Gutachtern muss kein Garant dafür sein, dass man mit Hilfe dieser Kapazität als Gewinner aussteigt. Denn es gibt keine Garantie dafür, dass ein Star vor Gericht per se Recht behält, schon gar nicht, wenn er als Privatgutachter einem vom Gericht bestellten und ebenfalls versierten Kollegen gegenübersteht.

Wächst das Ansehen spannenlang,
wächst die Torheit ellenlang.

(Deutsches Sprichwort)

Schon an den einfachsten zu bewertenden Liegenschaften scheiden sich übrigens die Geister. Auch das sollte Nichtprofis bewusst sein. Experten spalten bald einmal die Haare, wenn es bloß um das „richtige" Verfahren nach einschlägigen Vorgaben geht, vom Endergebnis ganz zu schweigen. Spätestens vor Gericht gibt es dann viele Argumente, mit welchen die Richtigkeit der Gutachten gerechtfertigt werden: Dass das Marktgeschehen eventuell andere Fakten spricht, als eine zuvor wissenschaftlich fundierte Expertise, lässt man ungern gelten, insbesondere dann, wenn nach einem o.a. Schema vorgegangen wurde. Somit beginnt in einem schadensrechtlich relevanten Streitfall gegen den Gutachter der erste Takt der Ouvertüre einer tragischen Oper mit ungewissem Ausgang. Wie unangenehm Prozesse sein können, das weiß man erst dann, wenn man selbst einmal vor Gericht gestanden hat.

Die Gutachtenserörterung

> Es ist merkwürdig, daß ein mittelmäßiger Mensch oft vollkommen recht haben kann, – und doch nichts damit durchsetzt.
>
> Christian Morgenstern (1871 - 1914), deutscher Schriftsteller

Unangenehme Fragen betroffener Auftraggeber bereiten hierzulande versierten Sachverständigen in der Regel keinen Kummer, da es meist immer die gleichen Fragen sind: Die Frage, warum beispielsweise beim Verkauf einer Liegenschaft nicht der Preis erzielt wurde, der im Gutachten zuvor festgestellt wurde, wird bei einer eventuell stattfindenden „Gutachtens-Erörterung" gerne wie folgt erklärt: Es wäre zu einer Unzeit verkauft worden oder die Liegenschaft wurde zu wenig beworben, die gute Bausubstanz des Gebäudes sei von unkundigen Kaufinteressenten im Marktgeschehen nicht ausreichend erkannt worden oder bei der Besichtigung des Objektes waren schlicht die Räumlichkeiten nicht zusammengeräumt.

Schwieriger könnte es für den Gutachter werden, wenn er die Preisableitung für ein Grundstück zu erklären hat oder einen Marktanpassung begründen muss. Auch in einer Ertragswertberechnung könnten so manche Tücken stecken. Fazit: Sachverständige bekommen aber erfahrungsgemäß meistens Recht, wenn man ihnen keinen handwerklichen Fehler nachweisen kann und Argumente in sich stimmig sind oder zumindest nicht ganz von der Hand zu weisen sind.

Es gibt hin und wieder auch Gutachten, die so kompliziert aufgebaut sind, dass ein durchschnittlich gebildeter Mensch sie kaum verstehen kann. Aus prozessökonomischen Gründen verzichten deshalb Parteien nicht selten von vornherein auf Fragen. Der deutsche Ökonom Silvio Gesell meinte einmal boshaft: „Hirngespinste sind billig. Auf sich selbst gestellt, können sie ein geschlossenes, widerspruchsloses Ganzes bilden und sich uns so als etwas durchaus mit unserem Verstand Verträgliches vorstellen."

Wer mit glaubwürdigen Argumenten mehr überzeugt, hat jedenfalls die Klatscher auf seiner Seite, egal ob er recht hat, oder nicht. Der Gutachter, der außerdem den Vorteil einer besseren Sachkenntnis mitbringt, der hat gegenüber dem Gegner natürlich ohnehin einen Vorsprung.

Kürzlich habe ich im Web auf der Plattform www.gutefrage.net folgendes gelesen: Erfahrung eines Sachverständigen: "Wenn wir niedrige Werte ermitteln, meckert der Auftraggeber. Wenn wir hohe Werte ermitteln, spricht man von Gefälligkeitsgutachten. Wenn wir ausgewogene Werte ermitteln, wirft man uns Unkenntnis vor. Also machen wir was wir wollen: alles ist richtig, alles ist falsch."

Diese Aussage dieses offensichtlich frustrierten sachverständigen Maklers ist natürlich überzogen und sicherlich sarkastisch gemeint, aber über die Höhe eines Wertes wird allemal gestritten. Das zeigen unzählige Debatten und Schadensprozesse.

Fragwürdige Toleranzgrenzen

Da sich bekanntlich Phänomene in der Natur verschiedenartig ausprägen können, gibt es folglich auch für „Naturereignisse" im Sachverständigenbereich Abweichungen. Gutachter sind auch nur Menschen, daher gibt es eine Toleranz, innerhalb welcher Ergebnisabweichungen auch vor Gericht akzeptiert werden. Damit gibt man zum Ausdruck, dass mehrere Gutachten nicht unbedingt den exakt gleichen Wert für ein und dasselbe Bewertungsobjekt ergeben müssen, schon gar nicht, wenn es um marginale Unterschiede geht. Dieser Ansatz ist durchaus verständlich, denn wer schon mit Immobilien zu tun hatte, der weiß, dass bei Transaktionen von Immobilien insbesondere mit höheren Werten, eintausend und mehr Euro kaum eine Rolle spielen.

Die Judikatur in Österreich akzeptierte schon vor etlichen Jahren „gewisse" Toleranzgrenzen und drückte dies in einer Entscheidung wie folgt aus: „[...] Bei der Bestimmung eines *voraussichtlich erzielbaren Preises* lägen aber auch bei Beobachtung aller nach dem Fachwissen zu berücksichtigenden Umstände Abweichungen innerhalb gewisser Toleranzgrenzen im Wesen einer Schätzung [...]".[1] Ab wann diese Toleranzgrenze überschritten ist, wird in dieser Entscheidung, die aus dem Jahr 1982 stammt, nicht erwähnt. Zum Zeitpunkt dieser Erkenntnis war das Liegenschaftsbewertungsgesetz noch nicht in Kraft und man sprach damals noch von „Schätzung", während heute in Österreich der streng definierte Begriff „Verkehrswertgutachten" gilt. Mittlerweile gibt es klare Bewertungsvorgaben im Liegenschaftsbewertungsgesetz. Da folglich bei Einhaltung der gesetzlichen Vorgaben selbst bei mehreren Sachverständigen nahezu immer ein und dasselbe Ergebnis herauskommen müsste, gibt es nunmehr konkrete Toleranzgrenzen, die üblicherweise

---

[1] 6 Ob 601/82

bei zehn bis 15 Prozent liegen. Bei nicht marktgängigen Liegenschaften, wie beispielsweise Schlössern oder Burgen, toleriert man hin und wieder schon einmal Abweichungen bis 30 Prozent vom errechneten Wert.

Wie inkonsistent mit Toleranzgrenzen umgegangen wird, soll nachstehende Betrachtung aufzeigen: Angenommen es wird von jemandem behauptet, dass ein Sachverständiger mit seinem errechneten Wert falsch liegt. Es wird ein weiterer Sachverständige beigezogen, der aber mit seinem Ergebnis um mehr als 30 Prozent vom Erstgutachter abweicht.

Wenn zwei Gutachter verschiedene Ergebnisse liefern, muss man naturgemäß einmal wissen, was der „richtige" (?) Verkehrswert ist, an welchem man eine Toleranzgrenze messen möchte. Wer von Beiden hat recht? Nach allgemeinem Laienverständnis weiß man das erst, wenn das Bewertungsobjekt verkauft ist, da man ja im Vorfeld ein Weissager sein müsste, um den „richtigen" Marktwert zu erraten.

Anders freilich ist es wie bereits oben festgestellt, mit *theoretischen, modellhaften* Berechnungen, die zwangsläufig annähernd zum gleichen Ergebnis führen sollten. Wenn man sich mit abstrakten Rechenmodellen zufrieden gibt, dann mag das genügen. Man sollte aber auf keinen Fall unter Wahrheitsanspruch behaupten, dass diese abstrakten Rechenmodelle aufgrund vieler, angeblich ohnehin alles berücksichtigender Stellschräubchen, den Markt hinreichend abbilden würden und demnach richtig seien.

Leider wird aber hier Wahrheit mit Wahrscheinlichkeit gleichgesetzt. Über diese offensichtliche Unlogik sollte man nicht einfach

schlampig hinwegsehen, nur weil es bequem ist und man bislang keine bessere Idee zur Bewältigung einer Anforderung hat.[1]
Geht man jedoch vom allgemeinen Verständnis der meisten handelnden Personen im Marktgeschehen aus, wonach unter Verkehrswert üblicherweise eine Zahl verstanden (erwartet) wird, die bei einer *Transaktion im Marktgeschehen de facto* zu erzielen ist, liegen künstliche Rechenkonstrukte nicht selten daneben. Einem Auftraggeber, der wissen will, um welchen Preis

---

[1] Die Logik ist seit Aristoteles ein zentrales Element im Gewinnen und Beurteilen von Erkenntnis: dem durch Erfahrung oder Einsicht gewonnenen Wissen. Wenn man Erkenntnis aus Erfahrung – aus Beobachtung – ableiten will, nennt man das Induktion. Dabei stellt sich jedoch das Induktionsproblem. Beispiel: Im 18. Jahrhundert waren nur weiße Schwäne bekannt. Man folgerte daraus, dass es nur weiße Schwäne gäbe. Doch dann wurden in Australien schwarze Schwäne entdeckt – und die bisherige Annahme erwies sich als falsch.
Das bedeutet: Aus Einzelerfahrungen lassen sich keine Verallgemeinerungen, keine allgemeingültigen Aussagen ableiten. Man kann nämlich einen solchen Induktionsschluss nicht per se als gültig annehmen und logisch rechtfertigen. Wäre er per se gültig, dann dürfte es – soweit man richtige Beobachtungen voraussetzt – niemals falsche Schlüsse geben. Aber genau das kommt bekanntlich immer wieder vor! Man kann den Induktionsschluss zudem nicht durch Erfahrungen rechtfertigen. Dann würde man nämlich behaupten müssen, dass der Induktionsschluss deshalb gilt, weil bisher keine Resultate beobachtbar waren, die zu ihm im Widerspruch gestanden haben. Dann aber würde man den Induktionsschluss bereits als wahr voraussetzen, das Rechtfertigungsproblem umgehen und in einem infiniten Regress enden. Weiterhin sei darauf hingewiesen, dass zwischen Wahrheit und Wahrscheinlichkeit streng zu unterscheiden ist. Nicht selten wird davon ausgegangen, dass man sich der Wahrheit annähere, wenn nur die Wahrscheinlichkeit hoch ist, dass ein bestimmtes Ereignis eintritt. Man setzt hier die Wahrscheinlichkeit w = 1 mit Wahrheit, die Wahrscheinlichkeit w = 0 mit Falschheit gleich. Doch dieser Gedanke ist (logisch) falsch. Denken wir noch einmal an das Beispiel der weißen Schwäne. Obwohl bislang nur weiße Schwäne beobachtet wurden (die Wahrscheinlichkeit, dass man weiße Schwäne beobachten konnte, war also w = 1), brauchte es nur eine einzige Beobachtung eines schwarzen Schwans, um die induktive Schlussfolgerung, dass es nur weiße Schwäne gäbe, als falsch zu entlarven (sodass tatsächlich w = 0). Von einer hohen Wahrscheinlichkeit kann man nicht auf Wahrheit schließen.
Polleit, Thorsten. Mit Geld zur Weltherrschaft (German Edition). FinanzBuch Verlag. Kindle-Version.

er seine Liegenschaft verkaufen kann, dem nützen keine theoretische und wissenschaftliche Abhandlungen. Wissenschaftliche Rechenwerke über einen so genannten „Verkehrswert" sind nicht per se nicht die „Wahrheit". Die Wahrheit erfahren wir erst nach einem vollendeten Verkauf der Immobilie, natürlich bei üblichen Verkaufsbedingungen etwa ohne Zeitdruck oder Zwangslage.

Man kann also resümieren: Der Nachweis, ob ein Bewertungsergebnis gerade noch „richtig" oder bereits „falsch" ist, kann aus den vorhin genannten Gründen gar nicht erfolgen.

Warum eine rechnerische Vorhersage über den Marktwert *erst gar nicht möglich ist (!)*, darauf wird später noch ausführlich eingegangen. Ein fadenscheiniges Abgleiten, dass man Grosso modo in der Regel abschätzen könne, ob etwas prinzipiell eher als richtig erscheint oder nicht, wäre inkonsequent. Entweder man anerkennt, dass man einen Marktwert vorweg nicht erraten kann, weil das unmöglich ist oder man entscheidet sich für eine theoretische Modellvariante ceteris paribus (unter bloßen Annahmen, dass…). Diese Annahmen müssten aber in einem Streitfall zuvor einvernehmlich akzeptiert werden.

Bevor man von Toleranzgrenzen spricht, müsste man deshalb zunächst einmal klären, was man im Sinne der oa. Ausführungen unter „Verkehrswert" nun wirklich versteht. Wenn man der Meinung ist, dass theoretische, modellhafte Rechenwerte genügen, dann steht bei Bedarf einer Prüfung ob ein Gutachten gerade noch richtig oder gerade nicht mehr richtig ist, selbstverständlich nichts mehr im Wege. Sollte hingegen die Richtigkeit eines *Marktwertes* verifiziert werden, dann stößt man zwangsläufig an natürliche Grenzen. Das betrifft sogar relativ einfach zu bewertende Wohnungen, von hochpreisigen Immobilien oder Sonderliegenschaften wie Schlössern etc. erst gar nicht zu reden.
Ein Urteil über falsch oder richtig kann naturgemäß krasse Auswirkungen schadensrechtlicher Natur haben. Daher wäre es an

der Zeit, dass man durch eine saubere Definition und der richtigen Interpretation des Begriffs „Verkehrswert" eine klare Aussage trifft. Damit wäre nicht nur den Sachverständigen gedient, sondern auch bei den Auftraggebern so manch falsche Erwartungshaltung ins rechte Licht gerückt.

GERICHTE BRAUCHEN EINEN EXAKTEN WERT

Wie schon wiederholt erwähnt, ist es unmöglich jenen Preis im Vorhinein festzustellen, der im Marktgeschehen auf eine konkrete Liegenschaft bezogen, später im „redlichen Geschäftsverkehr" tatsächlich „erzielt werden kann". Aber exakt diese hellseherische Fähigkeit wird einem Sachverständigen abverlangt. Die vielleicht sogar bewusst (?), im Liegenschaftsbewertungsgesetz aufgenommene Einschränkung „üblicherweise erzielt werden kann", ist wie das vielfältig verwendbare aristotelische „Delphische Messer", das einem Sachverständigen schnell zum Verhängnis werden kann.

Bei bestimmten Immobilienkategorien mag eine gewisse Vorahnung vielleicht möglich sein. Jedoch generell die Erwartungshaltung des Faktischen zu erwecken, ist schwer zu verstehen. Umso mehr ist es enttäuschend, dass in Gerichtsverfahren wie schon vorhin erwähnt, in manchen Fällen die Wahrsagerei ihren Platz einnimmt.

Es ist natürlich nachvollziehbar, dass sich Richter ein konkretes Ergebnis wünschen, um darauf aufbauend ein entsprechendes Urteil treffen zu können. Aber macht man es sich hier auf Kosten der Sachverständigen nicht zu einfach? Geht das Gericht nämlich erst einmal von einem vorliegenden Gutachten aus, dann nimmt das Ding seinen vorgezeichneten Lauf: Durch die Skrupulanz der Rubrizisten und Legalisten wird dann ein Sachverständigengutachten, obwohl es sich wissentlich nur um eine Fiktion handeln kann, automatisch zum wichtigen Eckstein eines Gebäudes für die Urteilsfindung. Spätestens dann hat man das Urteilskonstrukt unter die Knechtschaft von „ceteris paribus" (unter einer bloßen Annahme) gestellt. Auf diesen Umstand wird leider viel zu wenig Rücksicht genommen.

Aus der Sicht der Gerichtsbarkeit zugegeben ein praktikabler, aber eigentlich auch ein zu bequemer Akt auf dem Rücken von Sachverständigen. Natürlich geht alles seinen geordneten Weg, es gibt das Parteiengehör, die Möglichkeit der Bestellung eines weiteren Sachverständigen, die Einschätzung des Urteilenden und schließlich die Instanzen. Aber man kann es nicht deutlich genug sagen: Man bewegt sich hier in einem theoretischen Bereich, den man den Mantel des Absoluten umhängt, obwohl man weiß, dass man ein Gutachten bloß auf gegebenenfalls nachvollziehbare *Annahmen* - aber immer nur Annahmen (!) aufbaut.

So gesehen könnte man vor einem Urteil gleich die göttliche Hilfe erbitten, wie es die alten Römer bei wichtigen Entscheidungen pflegten: Damals beauftragte man für eine Entscheidungshilfe Kultspezialisten, die den Götterwillen aus dem Flug und dem Geschrei der Vögel und anderer Tiere lasen. Es scheint fast, als müssten heute wieder sachverständige Kultspezialisten ihre Vogelschau ("Auspizien") halten.

Konkret weiß man den Marktwert ja erst - selbstverständlich unter Einhaltung bestimmter Vorgaben (genügend Zeit für den Verkaufsvorgang, Besichtigungsmöglichkeiten, entsprechende Bewerbung, ausreichende Information etc. vorausgesetzt) - nach einem erfolgten Verkauf. Die Nagelprobe findet aber im Zeitfenster der Auftragserteilung ja nicht statt, folglich gibt es auch noch keinen "konkreten" auf das Bewertungsobjekt bezogenen Marktwert. Und was die Gerichte betrifft, die zu ihrer Urteilsfindung einen "Wert" brauchen, darf daran erinnert werden, dass ein Richter ohnehin nicht von der Verpflichtung entbunden ist, ein Gutachten hinsichtlich seines Aussagewertes entsprechend zu würdigen.

Unter heutigen Aspekten kann der Sachverständige sehr schnell vom harmlosen Gehilfen des Gerichts zum Beklagten und hoffentlich nicht zum Beschuldigten werden. Und zwar nur deshalb, da es eine Begriffsungenauigkeit gibt, die dem Sachverständigen eine Arbeit auferlegt, die er naturgemäß gar nicht erfüllen kann. Bedenkt man, dass schon seit geraumer Zeit Sachverständige bei Haftungsfragen hart herangezogen werden und es die Amtshaftung bei streitbefangenen Gutachten praktisch überhaupt nicht mehr gibt, dann erkennt man unschwer eine Kindesweglegung. Eines sollte man Experten zugestehen: Sie sind auch nur Menschen und bekanntlich können Menschen Fehler machen.

ECHOKAMMER UND IMMOBILIENPREISE

> Daß viele irren, macht den Weg nicht richtig.
>
> Deutsches Sprichwort

Was man nicht unterschätzen sollte: Ein von der Realität und weitestgehend dem menschlichen Empfinden abgekoppeltes Bewertungssystem wie zum Beispiel das extrem theoretische Berechnungsmodell „DCF-Methode", auf das später noch detailliert eingegangen wird, könnte durchaus Einfluss auf den Markt haben. Denn wenn es sich einbürgert, dass jeder eine bestimmte, "von oben" vorgegebene Art zu rechnen hat, ist es nicht abwegig, dass auch die Marktteilnehmer fortan darauf entsprechend reagieren müssen, etwa unter dem Motto: Auch die finanzierenden Banken rechnen ja so. Man lässt sich so selbst in eine Echokammer einsperren. So mancher würde gezwungenermaßen gegen seine innere Überzeugung einen entsprechenden „Systempreis" zu zahlen haben, auch wenn die Art des Rechnens im weitesten Sinne in Wirklichkeit nur das theoretische Konstrukt einer gerade gültigen und determinierten Bewertungsmethode ist und diese künstlichen und extrinsisch entstandenen Rechenergebnisse eigentlich gegen natürliche Empfindungen der Marktteilnehmer sprechen. Auch die Verkäufer müssten sich folglich diesem Gesinnungsdiktat fügen.

So entstandene abstrakte Resultate sind dem freien und unbeeinflussten Marktwillen des einzelnen Individuums Mensch mit seinen persönlichen Neigungen, Vorlieben und Wünschen aber absolut fremd. Es entstehen dadurch sozusagen theoretische „Größen". Der Begriff „Wert" sollte an dieser Stelle besser nicht mehr verwendet werden, da systemrelevante und erfundene Konstrukte mit "Wert" nach allgemeinem Verständnis, kaum etwas zu tun haben. Wenn man von einem Immobilienwert im herkömmlichen Verständnis spricht, so sollte es eigentlich genau umgekehrt sein: Der Gutachter sollte so gut es geht, möglichst das *freie* Marktgeschehen beobachten und abbilden, darauf basierend, was individuell von Fall zu Fall entsprechend der handelnden Menschen in einem bestimmten Zeitfenster in einer Region mehr oder weniger als wertig angesehen wird.

Dieser ehrgeizige Vorsatz ist zwar ohnehin kaum zu erfüllen, aber ein Versuch in diese Richtung ist noch immer redlicher, als theoretisch prognostizierte Phantasiewerke mit absolutem Richtigkeitsanspruch in die Welt zu setzen.

Mit abstrusen Bewertungsmethoden erfasst man nicht annähernd die individuellen Anliegen und Vorstellungen des Einzelnen, sodass man ehrlicherweise immer nur von einem Preis sprechen kann, der *eventuell* erzielt werden *könnte*. Wenn jedoch alle in eine vorgegebene Richtung denken (müssen), dann kann sich schnell eine von einer politischen Gruppierung vorgegebene Wunschrichtung entwickeln. Vielleicht ist diese Tendenz gar nicht so ungewollt. Der Gedanke daran lässt frei denkenden Menschen übel werden und man sollte vehement dagegenhalten, denn in letzter Konsequenz könnte der Staat praktisch je nach Interessenskalkül, auf jede Liegenschaft einen Preiszettel heften.

Alles schon dagewesen

Könnten Sie sich vorstellen, dass Sie vor Veräußerung Ihrer Eigentumswohnung die Behörde fragen müssen, um welchen Preis sie verkaufen dürfen? Denken Sie einmal darüber nach! Für die meisten von uns ein unvorstellbarer Gedanke. Aber genau das hatten wir tatsächlich schon einmal vor gar nicht so lang zurückliegender Zeit in Wien: 1995, als im 2. Wiener Gemeindebezirk die Expo stattfinden sollte und Politiker eine Preisexplosion der dortigen Liegenschaften befürchteten, griff man rigoros in die Eigentumsrechte der Immobilienbesitzer ein: Per Dekret wurde damals über Nacht im Grundbuch ausnahmslos über alle Liegenschaften im 2. Wiener Gemeindebezirk eine Sperre eingerichtet, sodass man nicht mehr ohne Zustimmung der Behörde Wohnung, Haus oder Grundstück verkaufen durfte.

Der Bürger wurde zum somit zum Bittsteller, Sachverständige mussten beigezogen werden und Immobilienexperten stellten anhand kompliziertester Rechenvorgänge, die nicht einmal von einigermaßen Orientierten mehr nachvollzogen werden konnten, einen „Wert" fest, um welchen dann ein Verkauf erst vorgenommen werden durfte. So stellt man sich wahrlich keinen freien Markt vor. Man hatte es hier mit einem absoluten Totalitarismus zu tun. Eigentlich unvorstellbar, aber es fand in Wien tatsächlich statt! Bekanntlich wurde die Expo nach einer Bürgerbefragung letztlich abgesagt und nach einiger Zeit erst war wieder ein freier Verkauf möglich.

Eine ähnliche Situation hatten wir kurz vor dem EU-Beitritt Österreichs: Damals befürchteten die „glühenden Europäer" Österreichs, vice versa plötzlich den Ausverkauf der „Heimaterde". Reiche Deutsche und Holländer könnten in attraktiven Gegenden wie Kitzbühel, Lech am Arlberg, Salzkammergut, Wörthersee, Bad Aussee u.a., den Einheimischen praktisch den Boden wegnehmen. Man hatte Sorge, dass sich dadurch die einheimische Bevölkerung selbst keine Immobilien mehr in ihrer eigenen Heimat leisten könnten. Dagegen wollte man auf nationaler

Ebene noch schnell einen Riegel vorschieben. Welch ein Widerspruch zur vorgegebenen „Wertegemeinschaft", wo doch alle Menschen in Europa gleiche Rechte haben sollten.

Die neue europäische Wertevorstellung ging aber den glühenden Europäern in Österreich nun doch zu weit: Schnell arbeitete man damals in der Steiermark so still und heimlich einen fragwürdigen Gesetzesentwurf aus, wonach jeder, der in attraktiven Tourismusgemeinden (auch unter Einheimischen) verkaufen wollte, zuvor den zuständigen Bürgermeister um ein Plazet fragen sollte, ob er um einen bestimmten Preis verkaufen darf. Da wollte man hinterrücks und klammheimlich wahrlich das Kind mit dem Bade ausschütten.

Dieses von einem Grazer Hofrat konzipierte Gesetz wurde übrigens im letzten Moment, aufgrund des mutigen Eintretens eines aufmerksamen, sachverständigen und engagierten Bürgers mit Unterstützung der Notariatskammer und der Rechtsanwaltskammer fallengelassen. Schlussendlich wurde dann in dieser Sache ein sehr abgeschwächter und fauler Kompromiss beschlossen, eine typisch österreichische Lösung.

ZURÜCKLIEGENDE BEWERTUNGSSTICHTAGE

> Durch wieviel Kompliziertheit muss man sich durchringen bis man endlich zur Einfachheit gelangt.
>
> Marie von Ebner-Eschenbach

Leider enden Scheidungen und Erbstreitigkeiten immer häufiger vor Gericht. Immobilien spielen dabei in der Regel eine zentrale Rolle, daher ist es naheliegend, dass Gerichtssachverständigen dabei eine wesentliche Rolle zukommt. Womit Betroffene in solchen Verfahren konfrontiert werden können, soll nachstehend beschrieben werden:

Fast immer muss insbesondere in Scheidungsverfahren der historische Verkehrswert einer Liegenschaft abgefragt werden, um beispielsweise einen in gemeinsamer Ehegemeinschaft eventuell vorhandenen *Wertzuwachs* feststellen zu können. Aber auch in Verlassenschaftsverfahren braucht man oft Werte aus der Vergangenheit. Man möchte annehmen, ex post eine leichte Aufgabe für den Immobilien-Sachverständigen, bei der man beispielsweise in einem Scheidungsverfahren vermeintlich nur wie folgt vorzugehen hätte und wie es in der Regel auch de facto praktiziert wird:

1. Feststellung des Wertes der Liegenschaft zum Erststichtag (zum Beispiel Eheschließung vor 20 Jahren) unter Berücksichtigung des damaligen Gebäude-Erhaltungszustandes und Ausbaugrades sowie des damaligen Grundstückswertes und aller sonstigen wertbestimmenden Merkmale mit anschließender Valorisierung des errechneten *Geldbetrages*, um für die folgende Differenzberechnung den Geldwert zu neutralisieren.

2. Feststellung des Wertes der Liegenschaft zum Zeitpunkt der Scheidung (wenn man es genau nimmt, des Verlassens der gemeinsamen Ehewohnung).

Die Differenz würde dann den Wertzuwachs ergeben.

Scheint einfach zu sein, aber hier wird es aber richtig spannend, denn was man damals vor 20 Jahren im *Marktgeschehen* für eine Liegenschaft gezahlt hätte, lässt sich im Nachhinein statistisch abgesichert nur schwer feststellen und ist daher sehr oft eine umstrittene Angelegenheit.

In solch einem Verfahren wird in der Regel vom Sachverständigen erwartet, dass neben konkreten Vergleichspreisen von Grundstücken auch sonstige, sämtliche darüberhinausgehende nachvollziehbare (?) Usancen wie Trends zu dieser Zeit wie beispielsweise die Bauart eines Gebäudes, die Größe, Verwendung bestimmter Baustoffe u.v.m. mit erfasst und letztlich in einer Zahl ausdrückt werden. Denn wenn dem Sachverständigen ein Marktwert abverlangt wird, dann haben selbstverständlich alle erdenklichen Bestimmungsmerkmale mit einzufließen. Dass das in der Praxis zufriedenstellend möglich ist, kann schlichtweg bestritten werden. Hier haben wir den klassischen Fall von Bewertungstheorie!

Denn wer kann wirklich heute noch sagen, wie die für den Vergleich herangezogenen Objekte (insbesondere Gebäude) seinerzeit beschaffen und nachgefragt waren, um darauf aufbauend einen aussagekräftigen (deduktiven) Rückschluss auf das Besondere treffen zu können? Dafür fehlen meist ausreichend zur Verfügung stehende Vergleichswerte, um diese entsprechend analysieren zu können. Man weiß bestenfalls, wieviel für Baugründe in einer konkret vergleichbaren Lage gezahlt wurde, aber insbesondere die gebäudebezogenen Kriterien im damaligen Marktgeschehen wird man nach so vielen Jahren kaum mehr erfassen können.

De facto ist so eine Untersuchung unmöglich, da man im Nachhinein jedes einzelne Vergleichsobjekt auf seine Beschaffenheit hin analysieren müsste, um entsprechende Rückschlüsse daraus ziehen zu können. Bekanntermaßen werden jedoch Gebäude im Laufe der Jahre abgerissen oder umgebaut, sodass diese Vergleichsobjekte gar nicht mehr in ihrer ursprünglichen Form als Vergleich zur Verfügung stehen. Bloß von einem Neubauwert auszugehen, würde hingegen zu kurz gefasst sein, denn Grundrissgestaltung oder beispielsweise weniger nachgefragte Stilarten hatten auch damals natürlich wesentlichen Einfluss auf den Wert von Liegenschaften.

Heute werden alte, unwirtschaftliche Gebäude eher abgebrochen und als Beseitigungslast vom Grundstückswert abgezogen, während man damals nicht selten die Kosten eines Umbaues einkalkulierte und ein herabgekommenes Objekt durchaus noch seinen Wert haben konnte.

Festzuhalten ist jedenfalls, dass jede Liegenschaft ein vielschichtiges Eigenleben in sich birgt. Um nur einige Beispiele zu nennen: Lage, Alter, Markttrends, Größe, Reparaturanfälligkeit, Komfort, Bauart sind wesentliche Wertmerkmale. Verschiedenste Attribute jeder denkbaren Art stehen jeweils untereinander in Abhängigkeit, sodass es nur schwer möglich ist, aus fiktiven, heute fehlenden und nicht mehr verifizierbaren Vergleichsobjekten ausreichend zu relativieren.

Es wird immer Allround-Dilettanten geben, die von sich behaupten, solche Feststellungen treffen zu können. Über den Wert solcher Aussagen sollte sich jeder selbst ein Urteil bilden.

Wenn jemand in einem Scheidungsprozess mit einem Gutachten nicht zufrieden ist, dann hat er in diesen Fällen durchaus gute Aussichten, den Sachverständigen in Argumentationsnöte bringen, wenn sachlich fundamentierte Argumente entgegenhalten werden. Fadenscheinige und nicht nachvollziehbare Ansätze können in der Regel immer schnell ausgehebelt und somit das gesamte Gutachten in Frage gestellt werden.

Marktanpassung

> Es gibt Irrtümer, die man nicht widerlegen kann. Man muss den verkehrten Kopf in Erkenntnisse führen, die ihn aufklären; alsdann verliert sich der Irrtum von selbst.
>
> Immanuel Kant (1724 - 1804)

Angenommen ein Bungalow mit modernster Technik befindet sich in atemberaubender Aussichtslage im Norden von Wien. Prinzipiell ist davon auszugehen, dass diese Liegenschaft (Gebäude samt Grundstück) einen respektablen Wert hat. Das Objekt befindet sich nicht fernab am Lande, sondern vor den Toren einer Großstadt mit entsprechender Kaufkraft, guten Verdienstmöglichkeiten, Bildungsstätten, einem großen Angebot kultureller Einrichtungen, guten Verkehrsverbindungen etc. Nun erhebt sich die Frage: Um wieviel weniger Wert hätte eine Liegenschaft mit einem baulich kongruenten Gebäude, wenn sich diese in einer unattraktiven Region befände? Ist bei einem Ansatz des anzunehmenden hohen Gebäudewertes der niedrige, dort übliche Grundstückswert am Land ein hinreichendes preissenkendes Regulativ zur Wertfindung der Gesamtliegenschaft? Oder: In welcher Höhe oder wenn überhaupt, würde in einem anderen Beispiel ein gegebenenfalls in der Nähe des Bewertungsobjektes gelegener idyllischer Badesee beziehungsweise ein attraktives Schigebiet, bezogen auf die *Gesamtliegenschaft* ein werterhöhendes Korrektiv eine Rolle spielen?

Wenn es sich in unserem Fall angenommen um ein Luxusgebäude mit einem Wert von einer Million Euro handelt, wird sich die Frage stellen: In welcher Höhe soll in einer unattraktiven Lage gegebenenfalls ein Marktabschlag vorgenommen werden: -15%, -30%, -40%, gar keiner? Die so genannte „Marktanpassung" ist überhaupt *die* Schwachstelle in Gutachten schlechthin. Man kann beinahe beliebige Prozentsätze heranziehen, bestreiten wird man nahezu jeden (!) Ansatz können.

Nicht selten haben in derartigen Fällen „vife Bewertungsphilosophen" meist eine fadenscheinige Erklärung parat: Sie verweisen auf Vergleichsobjekte, die sie am Markt in zeitlicher und räumlicher Nähe beobachtet hätten und seien daher angeblich in der Lage, entsprechend richtige Marktkorrekturen vorzunehmen. Es wäre spannend, in diesem Fall die angeblich nachvollziehbare und „richtige" Marktanpassung mit Nennung konkreter Vergleichsobjekte zu erfahren. Ehrlicherweise muss man feststellen: Das ist mit den derzeit herkömmlichen Mitteln praktisch kaum möglich.

Beispiel:

Wien, attraktive Lage:

Errechneter Sachwert des Luxusgebäudes: € 1,000.000, --
Vergleichswert des unbebauten
Grundstückes (800 m2): € 1.000.000, --
Summe: € 2,000.000, --

Unattraktive Lage am Land:

Errechneter Sachwert des Luxusgebäudes: € 1.000.000, --
Vergleichswert des unbebauten
Grundstückes (800 m2): €   80.000, --
Summe: € 1.080.000, --

Fazit: Es ist anzunehmen, dass für die Gesamtliegenschaft in einer unattraktiven Lage für € 1,080.000, -- kein Käufer zu finden sein wird, auch wenn auf dem Grundstück ein Luxusgebäude steht. Daher wird ein Abschlag vorzunehmen sein - dies deshalb, da trotz des gering angenommenen Grundstückswertes der Marktwert höchstwahrscheinlich nicht annähernd abbildet ist. Wie hoch nun der Abschlag anzusetzen ist, darüber kann man lange fachsimpeln.

Wir sind unsere Modelle

> Wir sehen die Dinge nicht wie sie sind,
> sondern so, wie wir sind.
>
> Talmud

Gehen wir davon aus, dass ein Immobilienbewerter in seinem Gutachten ein möglichst allgemein anerkanntes Modell verwendet, dann sollte er, die Bedürfnisse, Lebensformen und Erwartungen einer breiten Gesellschaftsgruppe erkennen und in seiner weiteren Bearbeitung entsprechend berücksichtigen. Ein Bemühen, das gesamte menschliche Verhalten durch ein einziges Prinzip zu erklären, ist jedoch realistisch gesehen von vornherein zum Scheitern verurteilt. Die u.a. in Österreich verwendeten Modelle schweben daher häufig in einer abstrakten Welt, die die unterschiedlichen Kontexte nicht berücksichtigen oder nicht berücksichtigen können. Kann man das menschliche Verhalten aber wirklich untersuchen, ohne den Kontext zu verstehen?

Das in den letzten Jahren von einigen Experten vielgepriesene Immobilien - Bewertungsverfahren „Discounted Cash Flow" - Modell (DCF) und die ÖNORM sind solche Modelle bzw. Vorgaben. Im DCF - Modell legt man in dubiosen Parametern und einer wunderlich genauen Prognose die wirtschaftliche Zukunft einer Liegenschaft fest. Man maßt sich an zu wissen, welche Reparaturen, Modernisierungsmaßnahmen zu welchem Zeitpunkt exakt anfallen oder sinnvoll sind, welche Verkehrswerte in Zukunft gezahlt werden, welcher Kapitalisierungszinssatz exakt in so und so vielen Jahren heranzuziehen ist, wieviel Miete man in jedem Jahr Punkt genau erzielen kann, auch das Ausfallwagnis oder die genaue Dauer von Leerstehungen legt man in einer Präzision fest, dass man nur staunen kann.

Nachstehend zitiere ich dazu passend einige Passagen aus dem Buch „Die Ökonomie von Gut und Böse von Thomáš Sedláček:
„[...] die Paradigmen, die Standpunkte, die Axiome der Modelle sind ja nicht bewiesen, sondern der Einzelne wählt die geistige Richtung, die im Hinblick auf die Annahmen oder Schlussfolgerungen bei dem gegebenen Modell am besten zu seiner Weltanschauung passt. Diese Wahl ist gewöhnlich völlig irrational und emotiv, sie beruht auf einer vorhandenen Sympathie für die Annahmen oder die erwarteten Ergebnisse des Modells."

David Hume drückt das so aus: „Gerade in der Mathematik können wir sehen, dass es weder in der Welt noch in der Sprache irgendwelche vorgelieferten, unmittelbaren oder natürlichen Tatsachen gibt, wenn wir nicht zunächst eine Theorie entwickeln, auf deren Grundlage wir Entdeckungen machen können und das bedeutet, dass alles auch anders sein könnte."[1]

Die Fakten und die „objektive Realität" erlauben verschiedene Interpretationen. So kommt es, dass Ökonomen, die dieselben Daten benutzen, die gleiche Statistik, daraus ganz unterschiedliche Schlussfolgerungen ableiten.

Die erste große – und ganz offensichtliche – Schwierigkeit liegt in der Tatsache, dass es unmöglich ist, Unvorhersagbares vorherzusagen. Das ist ein direkter Widerspruch. Wenn es möglich wäre, ein Ereignis vorherzusagen, wäre es schlicht nicht unvorhersagbar. Sorgfältige Beobachter von Ereignissen können einen Trend ausmachen und ihn erweitern. Wir können die Ereignisse aber nicht vorhersagen. Wir können lediglich sagen, was in *Modellfällen passieren sollte* – doch die Welt ist nun einmal kein Modell.

Wir haben auch eine Zauberformel für die Vorhersage der Zukunft: Wir sagen jedes Mal ceteris paribus – „unter der Voraus-

---

[1] Kolman, Filozofie čísla [Die Philosophie der Zahlen], 592 in Sedlacek, Die Ökonomie von Gut und Böse, 372

setzung, dass sich sonst nichts ändert" oder „unter sonst gleichen Umständen". Abgesehen davon, dass das wie „Abrakadabra" klingt, müssen wir zugeben, dass die Realität sich gewöhnlich nicht an ceteris paribus hält.

„Die normierten Vorgaben machen der lebendigen Welt mit der Zauberformel „ceteris paribus" den Garaus, durch die die Modelle von der Realität abgekoppelt werden. In so einer künstlichen Welt können wir fast willkürliche Modelle erschaffen. Streng vorgeschriebene Bewertungsmaßstäbe sind so gesehen häufig eher eine Wissenschaft der Bewertungswissenschaft als ein Spiegel der Realität im (Immobilien)geschehen." [1]

Das Urteil über den Aussagewert einer ausschließlich auf ein fiktives Modell aufgebauten DCF-Methode, soll sich in diesem Zusammenhang jeder selbst machen.

---

[1] Tomáš Sedláček, Die Ökonomie von Gut und Böse, 379ff

Seltsame Logik

> „Niemand irrt für sich allein. Er verbreitet seinen Unsinn auch in seiner Umgebung."
>
> Seneca

Dass ein Grazer Universitätsprofessor mit doppelten „Dr." in einer TV-Comedy - Sendung immerhin nach einer wissenschaftlichen Modellberechnung jeweils den „Wert" österreichischer Bundesländer angeblich zu errechnen in der Lage ist, sei zu diesem Thema noch abschließend erheiternd erwähnt: Die Steiermark hätte demnach einen Marktwert von 880 Milliarden Euro! Die nachvollziehbare Begründung dazu: „Die Steirer produzieren pro Jahr Dienstleistungen und Güter im Wert von 44 Milliarden Euro und sagen wir, das ist auch in Zukunft zu erwarten, […] eine Wachstumsrate, damit auch Rendite von 5 %, wenn wir das jetzt aktienmäßig, kapitalmarktmäßig bewerten, kommt heraus: 880 Milliarden Euro ist die Steiermark wert."

Man nennt dieses Modell „All Risk Yield" (ARY) und die Rechnung geht so:

Annahme des oa. Professors (mit einem 5%igen Kapitalisierungszinssatz):
44,000.000.000,- / 5,0% = 880,000.000.000,- = Wert der Steiermark

Zum Vergleich, wie man auch rechnen könnte, um darzustellen, was mit Annahmen und Zahlen alles möglich ist:

Fiktion „Experte II" (Annahme: 4%iger Kapitalisierungszinssatz):
44,000.000.000,- / 4,0% = 1.100.000.000.000, - = Wert der Steiermark

Fiktion „Experte III" (Annahme: 6%iger Kapitalisierungszinssatz):

44,000.000.000,- / 6,0% ~ 733,000.000.000,- = Wert der Steiermark.

Um diese Absurdität zu Ende zu erklären: Man sieht, wie weit die Werte bei den verschiedenen Zinsansätzen auseinanderklaffen. Die Wahl des Kapitalisierungszinssatzes wird vom Sachverständigen nach Gutdünken gewählt, wobei er sich vorrangig am Käufermarkt zu orientieren hat. Es stellt sich die Frage, wie viele Käufer in der Vergangenheit schon ein österreichisches Bundesland gekauft haben und wie hoch man das Risiko "Steiermark - Invest" einschätzen muss, um daraus den "richtigen" Kapitalisierungszinssatz ableiten zu können?

Um bei den oben angeführten Beispielen anzuschließen: Wahrscheinlich sieht es ein weiterer Experte wieder anders und wählt 1,0 % als Kapitalisierungszinssatz, weil die Steirer bekanntermaßen ein fleißiges und verlässliches Volk sind und "Steirerblut very good" ist? Bei dieser Rechnung würde die Steiermark plötzlich 4.4 Billionen (!) Euro wert sein. Das würde wahrscheinlich sogar die Kapitalkraft von Arnold Schwarzenegger übersteigen. Die steirischen Eigenschaftsmerkmale mögen unbestritten sein, aber was sagt so eine theoretische und auf die Realität bezogen völlig absurde „Wertermittlung" dann noch aus?

An diesem Beispiel erkennt man, was bereits alles als Faktum in die Welt gesetzt werden kann. Kompetent dargestellt, medial entsprechend aufbereitet und schon glaubt es der Unbedarfte. Man kann ja förmlich alles erklären, auch wenn es noch so grotesk ist. Ist doch alles logisch!

Seneca bringt es in einem Brief an Lucilius auf den Punkt: „Maus ist eine Silbe. Die Maus aber benagt den Käse; also benagt eine Silbe den Käse. Nimm an, ich könnte dies Rätsel nicht lösen. Was habe ich aus dieser Unwissenheit Bedrohliches zu gewärtigen? Ohne Zweifel steht zu befürchten, ich werde einmal Silben in der Mausefalle fangen oder ein Buch werde, wenn ich nicht gehörig Acht gebe, den Käse verzehren. Noch scharfsinniger ist vielleicht folgender Schluss: Maus ist eine Silbe. Eine Silbe aber benagt den Käse nicht: Eine Maus also benagt den Käse nicht. Was für kindische Albernheiten!"

Angesichts solcher Kuriositäten fragt man sich, wie ein Sachverständiger ernsthaft seinem Auftrag im Sinne des Liegenschaftsbewertungsgesetzes in Verbindung mit der ÖNORM nachkommen soll, wo man ihm einen Marktwert abverlangt, den er in der derzeit stringent abverlangten Vorgabe gar nicht liefern kann. Er hat sämtliche Haftungsfolgen zu tragen, wenn sich bei einem Verkauf ein anderer Wert ergibt oder ein weiterer Sachverständiger, dem man aus irgendwelchen Gründen mehr Glauben schenkt, zu einem anderen Ergebnis kommt.

Da man natürlich schon heute laufend für verschiedene Anlassfälle konkrete Resultate benötigt, wird man sich vorerst wohl oder übel weiterhin der vorhin beschriebenen Modelle bedienen. Das ist natürlich besser, als wenn man sich an gar nichts halten würde. Man unterhält sich so zu sagen auf einer gemeinsamen Fachebene. Ob das allerdings etwas mit einem Marktwert und der allgemeinen Erwartung eines Durchschnittsmenschen zu tun hat, ist zu bezweifeln. Jedenfalls sollte man es vorweg deutlich aussprechen, dass es sich um Feststellungen basierend auf Annahmen handelt, die sich bloß auf ein Modell und der dort angenommenen Parameter „ceteris paribus" stützt.

Pauschalwertmethode

Ein beachtenswertes amtlich standardisiertes Bewertungsmodell, das in Österreich jedermann über das Internet gratis zur Verfügung steht, brachte 2016 das Bundesministerium für Finanzen zustande. Von Immobiliensachverständigen sehr kritisch betrachtet, wird diese Möglichkeit der Wertermittlung für amtliche Zwecke im Zusammenhang mit der Grundstückswertverordnung bei Schenkungen und Verlassenschaftsverfahren bereits häufig genutzt. Mit dem nachstehenden Link können sie ihre Liegenschaft schnell und einfach bewerten lassen:

https://service.bmf.gv.at/service/allg/gwb/

Wie schon gesagt, die Bewertung ist gratis! Dieser Service wurde im Zuge der Änderung des Grunderwerbsteuergesetzes (GrEStG) eingerichtet, wovon mittlerweile auch Notare und Rechtsanwälte gerne Gebrauch machen. Auf der Website kann man im Grundstückswertrechner bewertungsrelevante Felder ausfüllen. Anhand der dort eingegebenen Daten errechnet ein Programm sodann den Wert der Liegenschaft.

Einzugeben sind:

Katastralgemeinde
Einlagezahl
Grundstücksnummern
Grundstücksflächen
Gebäudetyp (z.B. Fabriken, Werkstatt, Lagerhäuser, einfache Gebäude, sonstige Gebäude)
Vollwertige Nutzflächen eines Gebäudes, Kellerflächen etc.
Errichtungsjahre der auf den Grundstücken befindlichen Gebäude mit Angaben über eventuelle Sanierungsarbeiten innerhalb der letzten 20 Jahre (Erneuerung des Außenputzes mit Erhöhung des Wärmeschutzes, erstmaliger Einbau oder Austausch von Heizungsanlagen, erstmaliger Einbau oder Aus-

tausch von Elektro-, Gas-, Wasser-, oder Heizungsinstallationen, erstmaliger Einbau oder Austausch von Badezimmern und Austausch von mindestens 75 % der Fenster).

Je nach Örtlichkeit gibt das Finanzamt zudem einen für die gegenständliche Bewertungsliegenschaft üblichen Durchschnitts-Bodenwert für Baugrundstücke bekannt, der in einem komplexen Rechenvorgang für die Bewertung entsprechend herangezogen wird.
Auch die Baukosten werden gleichermaßen örtlichkeitsbezogen entsprechend berücksichtigt, da beispielsweise in Wien höhere Baupreise üblich sind, als in Kärnten oder Burgenland.

Man hat sich bei der Datenabfrage auf das Wesentliche konzentriert, was prinzipiell zu begrüßen ist. Denn was helfen pedantisch angeführte Details, die gegebenenfalls vom Hauptzweck ablenken, denn der Zweck des Gutachtens ist es, eine grobe Wertaussage zu treffen.

Bei dieser Wertermittlung handelt es sich um ein normiertes und nachvollziehbares Modell - Gutachten. Dieses „Pauschalwertmodell" kann zwar nicht für sich den Anspruch eines vollwertigen Amtsgutachtens erheben, müsste aber bei richtiger Verwendung in diesem Fall von der Finanzbehörde logischerweise wohl akzeptiert werden, da es ja deren Produkt ist. Begreiflicherweise können allerdings fehlerhafte Angaben bei der Erfassung den Wert erheblich verfälschen. Sollte die falsche Pauschwalwertberechnung für das Finanzamt zur Bemessung einer Steuer oder sonstige Anlassfälle herangezogen worden sein, so muss natürlich der Urheber des Fehlers gegebenenfalls mit Konsequenzen rechnen.

Insbesondere bei Verlassenschaftsangelegenheiten oder Scheidungsverfahren könnte eine Pauschalwertberechnung gegebenenfalls ein praktikables und kostengünstiges Instrument zu einer Wertermittlung sein. Vorausgesetzt die Parteien stimmten dieser Methode zur Ermittlung eines Liegenschaftswertes zu, könnte von einer neutralen sachkundigen Vertrauensperson (ev. ein Gerichtssachverständiger) die Erfassung von Daten vorgenommen werden. Unabhängig davon stünde darüber hinaus bei Meinungsverschiedenheiten natürlich nach wie vor der herkömmliche Weg einer Gutachtensbeauftragung nichts im Wege.

Wertmaximierung

„Nach Golde drängt, am Golde hängt doch alles – ach wir Amen!"

Goethe

Die schwere Verwertbarkeit von Sonderliegenschaften stellt deren Verkäufer immer wieder vor große Herausforderungen. Auch Immobilienexperten sind hier besonders herausgefordert, indem sie zum einen feststellen müssen was eine Immobilie wert ist, zum anderen soll dieses Objekt auch bestmöglich verwertet werden. Man kann leider oft beobachten, dass vor allem historische Gebäude wie beispielsweise große Schlösser, mangels Kaufinteressenten dahinsiechen. Um diesem Problem Abhilfe zu schaffen, betreten nicht selten dubiose „Entwickler" in der Immobilienbranche die Bühne!

Ein so genanntes "intelligentes" gewinnbringendes Patentrezept sei hier stellvertretend für andere Eingebungen genannt: Zerschlagung! Man zerstückelt die Gesamteinheit, um daraus möglichst hohen Gewinn zu generieren. So bietet es sich beispielsweise schnell an, den repräsentativen, einem Schloss vorgelagerten historischen Park mit altem und wertvollem Baumbestand „abzuparzellieren" und einem Bauträger zu verkaufen. Selbst altehrwürdige Gemäuer bleiben dann nicht mehr verschont: Wohnungseigentum heißt hier die Wunderformel. Man parifiziert (österreichische Usance) bzw. filetiert das Objekt und verkauft in Folge einzelne Eigentumswohnungen. An die Stelle eines ursprünglich fürstlichen Eigentümers herrschen dann je nach Objektgröße, Aufteilungswillkür und Laune des Organisators künftig 30 oder mehr Besitzer über das ehrwürdige Gemäuer. Wie man hört, lassen sich solche Wohnungen gar nicht so schlecht verkaufen, hebt man sich doch fürstlich von den gewöhnlichen „Plattenbau-Eigentümern" ab.

Leider bleibt bei derartigen „Entwicklungen" nicht selten das Verständnis für wertvolles historisches Kulturgut zurück, denn Gebäude dieser Art sind in der Regel als untrennbares Ensemble zu verstehen. Oft geschehen solche Sünden in vollem Einverständnis der Gemeinden, Naturschutz- und Denkmalbehörden. Was soll man davon halten, wenn die ehemalige Schlossküche mit zwei angrenzenden Zimmern zur „Wohnung Top x" wird und der repräsentative Rittersaal im Obergeschoss als Accessorium oder fachlich exakt: „Zubehör" zu einer Garconniere hinzuparifiziert wird. Ich habe selbst mit eigenen Augen gesehen, wie in einem Zimmer mit prachtvoller Barock-Stukkaturdecke unsensibel ein Zwischendeck mit ungehobelten Fichtenbrettern als Schlafebene für Kinder eingezogen wurde; eine angelehnte Holzleiter ermöglichte den Einstieg zur so neu geschaffenen „Galerie". Wurde hier erfolgreich eine Wohnung auf Gewinnmaximierung hin „entwickelt"? Man hat auf diese Weise im Handumdrehen die Wohnnutzfläche eines Zimmers fast verdoppelt und nennt das noch stolz "Entwicklung".

Wie hoch hat wohl ein „Entwickler" dieses Schloss bei einer ersten Konfrontation mit diesem Objekt bewertet? Fiktiver Endverkaufspreis nach Zerschlagung abzüglich voraussichtlicher Planungs- und Baukosten sowie einer ausgiebigen Marche für den „Entwickler"? Nach allgemeinem Verständnis vieler der heute agierenden „Immobilienmacher" gilt es leider nur allzu oft den einfachsten, schnellsten und gewinnträchtigsten Weg zu beschreiten. Zugegeben auch ein „Modell"! Es mag sinnvoll sein, wenn es darum geht, soviel wie nur möglich Profit daraus zu schlagen. Hat eine unwiederbringliche Kulturkostbarkeit nicht auch andere Werte, nicht zuletzt auch für die Allgemeinheit?

Wenn es keine Gewinnmaximierung im obigen Sinne ergibt, dann müssten sich notgedrungenermaßen der Liegenschaftseigentümer oder die Bank eben mit weniger zufriedengeben. Zugegeben: Für den Homo oeconomicus, der ausschließlich eine Nutzungsoptimierung zu einer ständigen rationalen Optimierung vor Augen hat, schwer vorstellbar.

Was mit dem vorhin beschriebenen Beispiel auch aufgezeigt werden soll, ist die in der Regel stattfindende, oft schlichte Überforderung von Sachverständigen! Denn bei „Sonderliegenschaften" generell eine richtige Aussage über den Marktwert zu treffen, ist schwer möglich, da es praktisch keine Vergleichswerte gibt. Man kann daher bestenfalls bei Anwendung eines Modells und der Zugrundelegung bestimmter Parameter eine fiktive Zahl errechnen.

In diesem Zusammenhang wird nachstehend eine tatsächlich stattgefundene Diskussion wiedergeben, mit der Sachverständige konfrontiert sein können:

In der Taverne hoch über der Donau wurde interessenshalber nach einer Besichtigung einer altertümlichen Burgruine in einem Sachverständigenkreis übungsweise darüber fachgesimpelt, welchen Verkehrswert wohl eine solche Anlage hätte. Es wurden mehrere objektspezifische Bewertungsmerkmale auf den Tisch gelegt: Herrliche Aussicht, gut konserviertes Mauerwerk, die gesamte Burganlage ist durch sichere Holzsteige touristisch gut nutzbar, intakte Wasserversorgung, Zufahrt mit Kraftfahrzeugen möglich, ausreichend Parkplätze vorhanden, traumhafte Aussicht, eine gastronomische Nutzung würde Sinn machen usw.

Neben den positiven wurden dann sogleich auch die negativen Objekteigenschaften aufgelistet: Hohe Instandhaltungskosten, kostspielige Behördenauflagen, denen man ständig aufs Neue ausgesetzt ist, stark eingeschränkte Marktnachfrage, da es neben einer touristischen Nutzung praktisch keine Alternative gibt. Bald war man sich einigermaßen darüber einig, dass ein Ertragswertverfahren zielführend wäre, um zum richtigen Wert zu kommen.

Nun muss man aber wissen, dass man für ein Ertragswertverfahren mehrere wichtige Informationen, also wichtige „Zutaten" benötigt, um entsprechend rechnen zu können. Da wäre logischerweise einmal der Ertrag: wieviel kann man als Vermieter an

„nachhaltig erzielbarem" Pachtzins verlangen? Welche Betriebskosten werden anfallen? Wie hoch wird die Komponente für die Erhaltung der Burganlage sein, die ja vom Ertrag abgezogen werden muss? Nicht zuletzt ist die Wahl des Kapitalisierungszinssatzes ausschlaggebend, der sich zu einem folgeschweren Hebel auswirken kann, wie bereits vorhin schon beschrieben wurde. Wie hoch setzt man diesen an: 5%...? 10%...? oder etwa 7,5...%? Bekanntlich verändert schon ein halber (!) Prozentsatz das Ergebnis wesentlich!

Was diesen „Kapitalisierungszinssatz" betrifft, so gibt es in diesem Zusammenhang die kuriosesten Blüten. Die Experten sind sich jedenfalls zunächst nur einmal darüber einig: Die Wahl des Zinssatzes muss begründet werden. Spätestens hier tut sich aber ein geradezu paradiesisches Betätigungsfeld für die Experten auf: In unzähligen Büchern, Aufsätzen und Vorträgen wird uneinig gelehrt, wie man es richtig macht. Hilflos wird da der „kleine Bewerter" an der Basis alleingelassen, der den Stein des Weisen finden soll und nicht selten total daneben greift, aber brav argumentiert und auf Literatur und Empfehlungen verweist, die in einem konkreten Fall für eine bestimmte Immobilien - Kategorie unbegründet einen Kapitalisierungszinssatz von 5,5% bis 10,5% (!) empfiehlt.

Ein Experte ist eine Person, die kleine Fehler vermeidet, während sie sich unaufhaltsam auf den großen Zusammenbruch zubewegt.

Je nach Wahl des Kapitalisierungszinssatzes können bei einer Schätzung schon gern einmal hunderttausende (!) Euro Unterschied dazwischenliegen; macht aber offensichtlich nix, denn man rechnet ja systemimmanent.

Am oben beschriebenen Beispiel wird auch deutlich, dass man sich hier schon sehr in das Fachgebiet Betriebswirtschaft begibt. Welcher Investitionen bedarf es, um einen touristischen Betrieb erfolgreich und nachhaltig betreiben zu können? Kann die Liegenschaft je einen ausreichenden Ertrag abwerfen und wenn ja, ab welchem Zeitpunkt? In welchem Ausmaß wird sich ein Betrieb lohnen, ist eine entsprechende Auslastung mit Gewinn realistisch oder überhaupt je absehbar? Ein zugegeben schwieriges Aufgabenfeld. Ob eine Lösung auf längere Sicht zufriedenstellend möglich ist, erweist sich naturgemäß erst viel später. Das ist auch nicht verwunderlich, da man in diesem Bereich nicht immer auf ausreichende Vergleiche zurückgreifen kann.

Jedes Objekt hat für sich ganz besondere objektspezifische Eigenschaften, wie Standort, bauliche Gegebenheiten, für touristische Zwecke relevante Geschichtsfaktoren, Förderungsmöglichkeiten durch den Staat, eventuell einzukalkulierende Umweltverträglichkeitshürden und noch vieles mehr. Wer kann da schon mit Sicherheit sagen, ob ein Vermarktungskonzept wirklich erfolgversprechend aufgeht. Es können noch so versierte Tourismusfachleute und Betriebswirte am Werk sein, die letztlich samt ihren Excel-Tabellen scheitern, weil plötzlich irgendein unvorhersehbarer Umstand eintritt, an den man nicht gedacht hat, oder nach menschlichem Ermessen gar nicht denken konnte.

DER WERT EINES ZINSHAUSES

Zugegeben, das österreichische Zinshaus hat es in sich und man muss leider davon ausgehen, dass viele in der Werteinschätzung dieser Ausnahmeimmobilien maßlos überfordert sind.

Aufgrund der sehr komplizierten und selbst für Juristen nur schwer durchschaubaren Mietzinsgesetzgebung haben sich einige Immobiliengutachter oder „Appraiser" wie sich einige neuerdings gerne nennen, auf die Bewertungsnische „Zinshaus" spezialisiert.
Wie die Bezeichnung dieser Häuser schon verrät, ist bei der Bewertung eines "Zinshauses" der Ertrag, also der "Zins" den eine Liegenschaft abwirft, das non plus ultra; denn eine Immobilie ist nur soviel wert, als letztlich Nutzen daraus zu erzielen ist. Beim sogenannten österreichischen Zinshaus ist es allerdings nicht immer leicht, einen „nachhaltig erzielbaren" Mietzins, also den Ertrag des Zinshauses zu eruieren, da immer wieder Hauseigentümer verbotenerweise höhere Mieten einheben, als gesetzlich erlaubt. Das heißt, diese vorgeschriebenen Mieten könnten gegebenenfalls herabgesetzt und zu Unrecht zu viel gezahlte Beträge teilweise auch rückwirkend zurückgefordert werden. Daher sind solche Gegebenheiten in einem Wertansatz entsprechend vorsichtig zu berücksichtigen. Mit anderen Worten der „Zinshausspezialist" muss zunächst akribisch recherchieren, bevor er sich an den Rechner setzt. Genauso würde es ja auch ein Käufer anstellen, da dieser ja den künftigen sicheren Ertrag in Erfahrung bringen möchte, um nicht plötzlich mit einer Mietzinsherabsetzung und somit einem dadurch bedingten geringeren Ertrag konfrontiert zu sein. Denn bei einem geringeren Ertrag würde die Investition logischerweise weniger interessant sein.

Gegebenenfalls ändert sich der Ertrag in einem Zinshaus durch Beendigung von ertragsarmen Bestandverhältnissen schlagartig zum Besseren, wenn ein höherer Mietzins erzielt werden kann. Auch das sollte berücksichtigt werden.

Bei einer Zinshausbewertung wird sich ein Experte daher zunächst die wesentliche Frage stellen, welche Methode er wählt, um zum „richtigen" Ergebnis zu kommen. Setzt er für seine Berechnung den status quo - angenommen einen derzeit relativ geringen Ertrag aufgrund der unkündbaren Verträge an und lässt es dabei bewendet sein? In diesem Fall würde das Ergebnis wahrscheinlich zu gering ausfallen, da jeder Investor im Marktgeschehen mit einem gewissen „Hoffnungspotential" rechnet. Unter „Hoffungspotential" versteht man einerseits die Verbesserung der Ertragssituation im Haus insgesamt und nicht selten auch die Erwartung, einzelne Bestandobjekte als Eigentumswohnungen besser verwerten zu können (Zerschlagungsbonus). In diesem Fall wäre es logisch, das eventuelle Freiwerden von einzelnen Wohnungen abzuschätzen. Aber wer weiß schon, wann eine Wohnung zur freien Disposition steht? Spätestens hier befindet sich der Sachverständige aber bereits im Wahrsagermodus und jeder der das bestreitet, sagt nicht die ganze Wahrheit. Würde man solch einen Zinshausspezialisten auf diesen Umstand ansprechen, so würde er sehr wahrscheinlich wie folgt antworten:

Antwort-Variante 1: Ich weiß aus Erfahrung, dass Zinshäuser einer bestimmten Art in einer bestimmten Lage mit mindestens zwei Drittel überwiegend „D" - Kategorien - Wohnungen (Wohnungen mit WC oder Wasserentnahmestelle außerhalb des Wohnungsverbandes) in der Regel um einen Quadratmeterpreis von „x" gehandelt werden. Roma locuta, causa finita!

Antwort-Variante 2 (Hier geht es wissenschaftlich zur Sache): Mit der „Discounted-Cash-Flow-Methode", einer angeblich präzisen Vorschau auf 20 (!) Jahre kommt man im Gegensatz zu vorhin auf einen zugegeben nachvollziehbaren Wert, wobei aber die darin verwendeten Rechenansätze ausgesprochen fraglich sein können. Wer kann heute schon wissen, welche Bestandobjekte wann zur Disposition stehen und in welcher Höhe Renovierungs- und Verbesserungsarbeiten (im Hinblick auf

spätere aus heutiger Sicht kaum einschätzbare Bedürfnisse) anfallen werden, um einen exakt heute schon voraussehbaren Ertrag erzielen zu können.
Hier wird eine Genauigkeit vorgetäuscht, die es in Wirklichkeit nicht geben kann. Weiter soll auf dieses „Opus Magnum" erst gar nicht eingegangen werden, da es sehr fraglich ist, was in diesem Zusammenhang übrigens in den letzten Jahren in vielen Fachvorträgen noch immer akribisch gelehrt und diskutiert wird. Dass die Discounted – Cash – Flow – Methode nicht das Gelbe vom Ei ist, dieser Ansicht sind mittlerweile schon viele Sachverständige.

Bestenfalls könnte noch ein örtlich angestammter Immobilienmakler oder Sachverständiger eine grobe Einschätzung abgeben, wobei die Betonung bei „grob" bis „sehr grob" liegt. Nützliche Hinweise, zum Beispiel welche Kündigungsmöglichkeiten oder Mietzinsobergrenzen es gibt, wieviel Miete für ein leerstehendes Geschäftslokal erzielbar ist, oder wieviel ein Umbau pro Quadratmeter in einigen Jahren kostet, das kann man ja gerne annehmen, ob diese Annahmen aber zutreffen, ist fraglich!

Es mögen durchaus noch weitere, von Sachverständigen erarbeitete und kompliziert aufgeblähte Methoden angewandt werden, letztlich werden Investoren, die natürlich auch rechnen können, jeweils auf ihre Weise Überlegungen für eine entsprechende Kaufentscheidung anstellen. Es werden immer individuelle Beweggründe und Einschätzungen der Einzelnen eine Rolle spielen, die sie veranlassen, ein Zinshaus um einen bestimmten Preis zu erwerben.

Das kann aber naturgemäß kaum allgemeine "Wahrheit" sein, da viel zu viele und unterschiedliche Parameter für eine Kaufentscheidung eine Rolle spielen und zumindest derzeit aufgrund (noch) mangelnder und ausreichender Datenerfassung nicht seriös einzuordnen sind. Eine abgesicherte Aussage lässt sich daher mit heute zur Verfügung stehenden Mitteln nicht treffen. Das würde in Zukunft vielleicht die „Hedonik" mithilfe von Algorithmen (KI) ermöglichen. Wenn man auch zum jetzigen Zeitpunkt der Künstlichen Intelligenz noch skeptisch gegenübersteht, unbestritten kann man Algorithmen jedenfalls nachstehende Eigenschaften zusprechen:

Künstliche Intelligenz ist nicht emotional,
sie ist nicht korrupt,
hat keine Schlafstörungen und
ist politisch unabhängig.

HEDONISCHE VERFAHREN

Das neue Reizwort für etablierte Sachverständige ist das so genannte „Hedonische Verfahren". Es handelt sich hierbei um die computerunterstützte Verarbeitung von möglichst lückenlos erfassten Vergleichswertdaten aus konkreten Kaufvorgängen. Durch die Vielzahl von Kaufvorgängen werden bewertungsrelevante Rückschlüsse gezogen; in der Folge erhält der Auftraggeber online binnen Sekunden eine kostengünstige Schätzung. Solche Schätzungen kann man bereits heute um einen Bruchteil der Kosten eines klassischen Sachverständigengutachtens erhalten.

Im computerunterstützten hedonischen Verfahren werden Größe der Objekte, das Alter der Gebäude, Ausstattungsmerkmale, Lage und noch eine Vielzahl weiterer Parameter aus konkret verkauften Liegenschaften genauestens erfasst, ineinander in Beziehung gebracht und analysiert, um aus all diesen zusammenfließenden Ergebnissen einen Preis abzuleiten. Es lässt sich unschwer erahnen, dass bisher bei der Vielzahl der heterogenen und intransparenten Vergleichsobjekte der Mensch als Sachverständiger sehr bald den Überblick verlieren muss und kaum mehr in der Lage ist, entsprechende Relativierungen vorzunehmen. Im hedonischen Verfahren hingegen analysiert der Computer eine Unmenge von zuvor erfassten Daten. Eine Aufgabe, die eine Maschine viel besser bewerkstelligen kann. Das Ausmaß eines für eine seriöse Bewertung unabdingbaren Inputs und einer entsprechenden Verarbeitung wird nachstehend dargestellt, damit man sich des Umfangs bewusst wird, auf welchen sich Sachverständige derzeit großteils ohne eine entsprechende Datenverarbeitung einlassen müssen. Ausführlich wird das vom BWL-Institut Basel wie folgt beschrieben:

„Die Generierung der Datenbasis erfolgt mittels der Durchführung einer Standort-, Teilmarkt-, Gebäude- und Mietanalyse für die zu bewertende Immobilie. Dabei werden die einzelnen Charakteristika, Potentiale und Schwächen der betrachteten Immobilie analysiert.

Der Zweck der Standortanalyse besteht in einer kritischen Beurteilung aller derzeitigen sowie in Zukunft absehbaren Gegebenheiten im räumlichen Umfeld – einschließlich der Grundstücksstruktur - einer Immobilie. Die Standortanalyse setzt sich in der Regel aus der Beurteilung des Grundstückes und dessen unmittelbarer Umgebung (Mikrostandort) und des großräumigen Verflechtungsgebietes (Makrostandort) zusammen. Diese räumlichen Bezugsbasen werden für eine nutzungsspezifische Analyse weiter in "harte" Einflussfaktoren (quantifizierbare Kriterien) und in "weiche" Einflussfaktoren (schwer quantifizierbare Kriterien) unterteilt.

Das Ziel dieser Basisanalyse ist die Bestimmung des Bodenpreises auf Basis einer Beurteilung des Nutzenpotentials. Erfolgt die Wertermittlung einer Immobilie mittels eines zukunftsbezogenen Verfahrens, bei dem die Endwertbestimmung eine signifikante Inputgröße ist, so stellt die Analyse des Makrostandortes infolge der Standortgebundenheit von Immobilien und des zunehmenden internationalen Wettbewerbs der regionalen Wirtschaftsräume untereinander eine Schlüsselfunktion bei der Datengenerierung dar.

Die quantitative Teil-Marktanalyse verfolgt das Ziel, die aktuelle Angebots- und Nachfragesituation anhand von Preisen durchgeführter Vergleichstransaktionen, Marktmieten und Leerständen zu beurteilen und als Quadratmeterpreise auszuweisen. Um einen Vergleich mit der zu bewertenden Immobilie zu ermöglichen, müssen die so generierten Marktinformationen noch an deren objektspezifische Kriterien durch Zu- oder Abschläge angepasst werden, um objektübergreifende Aussagen überhaupt erst ableiten zu können." Diese Zu- und Abschläge lassen sich aus einem digitalen Erfahrungsschatz mit Hilfe von Algorithmen selbstverständlich unvergleichlich treffsicherer ermitteln, als durch das Augenmaß eines Menschen."

Die händische, bestenfalls halbautomatische Berücksichtigung all der oa. umfangreichen Parameter sind eine große Herausforderung eines Immobiliensachverständigen und müssen ihn zwangsläufig an den Rand seiner Möglichkeiten bringen. Ist es also so verkehrt, sich der Vorteile der heutigen Technik und der enormen Datenverarbeitungsmöglichkeiten zu bedienen? Menschen können die ungeheuren Datenströme nicht mehr ausreichend analysieren. Warum soll man die Arbeit der Datenverarbeitung nicht elektronischen Algorithmen überlassen, deren Kapazitäten, die des menschlichen Gehirns weit übertreffen. Da drängt sich der Computer ja förmlich auf. Das heißt ja nicht, dass man das „Denken" gänzlich dem Computer überlassen muss. Der Mensch wird hoffentlich nach wie vor das letzte Wort haben und Korrekturen vornehmen, wenn es nötig ist. Die Maschine soll den Menschen informieren, warum sie etwas macht. Und sie soll sagen, was sie als Nächstes tun wird, damit das Maschinenhandeln den Menschen nicht überrascht.

Roboter-Psychologin Martina Mara vom Ars-Electronica -Futurelab, Linz: "Revolutionen beginnen sanft und wir sind jetzt in einer Phase extrem radikaler Veränderungen mit ganz großen Durchbrüchen in den nächsten 3, 4 bis 6 Jahren."

GEWALTIGE DATENMENGEN

Wenn man sich vorstellt, welch unermesslicher Datenschatz sich dadurch im Laufe der Zeit, ja schon nach einigen Monaten, mit relativ wenig Einsatz generieren lässt, begreift man in welche Richtung sich die Entwicklung bewegt. Die Immobilienbewertung wird sich künftig in einem ganz neuen Bild darstellen. Auch Ertragswertberechnungen werden sich im oa. Sinne aufgrund konkret verkaufter Objekte exakter feststellen lassen, da man ja auf eine Vielzahl von Vergleichsobjekten mit einer Fülle von konkreten Eigenschaftsmerkmalen zurückgreifen wird können.

Der Kapitalisierungszinssatz, über den in den zurückliegenden Jahren endlose Theorien erarbeitet wurden, wird sich künftig aufgrund ausreichenden Datenmaterials erstmals wirklich konkret errechnen und bei folgenden Bewertungsobjekten entsprechend einarbeiten lassen. Kapitalisierungszinssätze und Marktanpassungen werden dann endlich nicht mehr aufgrund lapidarer, oft fragwürdiger und nicht nachvollziehbarer Einschätzungen vorgenommen. Ich bin überzeugt, dass die Hedonik schon bald nicht mehr von der Immobilienbewertung wegzudenken sein wird und nicht mehr bloß abschätzig als "Surrogat" abgetan wird.

Immobilienexperten haben diese neue Art von Liegenschaftsbewertungen mit Schreck erfahren und dafür aus begreiflichen Gründen absolut kein Verständnis. Mit pawlowschem Reflex wird diese, als Häresie verteufelte Wertermittlungsmethode noch als völlig ungeeignet abgetan. Die Begründung, mit welchem Sachverständige hedonische Verfahren ins Nichts verdammen wollen, sind jedoch ausgesprochen dürftig.

> *Ein Mensch, der eine bestimmte Art zu handeln gewohnt ist, ändert sich nie und muss, wenn die veränderten Zeitverhältnisse zu seinen Methoden nicht mehr passen, scheitern.*
>
> *Niccoló Machiavelli (1469 - 1527)*

Die etablierte Sachverständigenelite, die den Anspruch auf Normativität noch für sich allein beansprucht poltert erbost, dass es schlicht unmöglich sei, wonach ein Computer den Wert von Immobilien feststellen könne. Das ist verständlich, geht es doch um eine lukrative Geschäftsquelle, die zu versiegen droht. Dass ein Computer von sich aus ohne entsprechenden Input den Wert von Immobilien feststellen kann, das ist natürlich so vereinfacht dargestellt ein Schwachsinn, aber in einem hedonischen Verfahren steckt weitaus mehr. Die arrogante Feststellung, nur Sachverständige wissen die Wahrheit im Immobiliengeschehen, ist oft reine Selbstüberschätzung und was sogenannte Experten heutzutage teilweise abliefern, ist leider allzu oft erschreckend! Was hilft eine sündhaft teure und kostspielige Mondrakete, wenn sich diese nicht vom Boden abhebt; da ist mir ein vergleichsweise billiges Fernrohr lieber.

Ganz unbeeindruckt dürfte die Sachverständigenelite von der neuen Bewertungsmethode „Hedonisches Verfahren" nun aber doch nicht sein. So hört man, dass in einem Sachverständigengremium bereits überlegt wurde, gegen eine innovative, in diesem Bereich aufstrebende Firma klageweise vorzugehen. Man fragt sich, was da eingeklagt werden soll. Dass jemand eine Dienstleistung anbietet? Herkömmliche Akrobatik-Gutachten bei derer es vier Sätze bedarf, um zwei vorherige Sätze zu entdunkeln und dazu weitere acht Sätze, um auch die anderen vier Sätze etwas aufzuhellen, werden ohnehin bald der Geschichte angehören.

Warum ist es so schwer, einfach neue Wege einzuschlagen? Es gab und wird immer wieder neue Erkenntnisse geben! Der italienische Abbé Lancellotti erzählte in einer 1636 erschienenen Schrift, dass fünfzig Jahre zuvor, also anno 1586, ein Mann in Danzig eine „sehr künstliche Maschine" erfunden habe, die vier bis sechs Gewebe auf einmal verfertigte. Der Rat habe aber die Erfindung unterdrückt und den Erfinder heimlich ersticken oder ersäufen lassen. Dieselbe Maschine sei später in Leyden und in Köln aufgetaucht und abermals verboten worden: in Hamburg habe man sie öffentlich verbrannt. Es handelte sich dabei um den Vorläufer der Spinn- und Webmaschinen, die nachher der industriellen Revolution des 18. Jahrhunderts mitbestimmten.[1] In diesem Zusammenhang könnte einem beinahe schon die Sachverständigen- Glaubensgemeinschaft einfallen.

Was mit einer (ev. halb)-automatisierten Immobilienbewertung einhergeht, liegt auf der Hand: Gutachten werden künftig exorbitant weniger kosten. In Österreich zahlt man derzeit für ein von einem Gerichtssachverständigen erstelltes Gutachten doch schnell über eintausend Euro und je nach Wert der Liegenschaft und Aufwand kann es einige Tausender mehr kosten! Künftig werden Gutachten nicht nur billig sein, sondern zudem rasch online zur Verfügung stehen. Der eine oder andere Auftraggeber wird sich daher künftig fragen, warum er eintausend Euro und mehr zahlen soll, wenn ein herkömmliches Gutachten ohnehin nicht der Weisheit letzte Schluss sein muss. Im Sinne der oa. Ausführungen gibt es selbst bei arrivierten Experten nicht selten gravierende Abweichungen und von weniger kompetenten Sachverständigen, die mit ihren Gutachten völlig daneben liegen, ganz zu schweigen.

An dieser Stelle hört man schon den entsetzten Aufschrei der derzeit (noch) „herrschenden" Expertokratie, die auf die Unterschiedlichkeit der Bewertungsobjekte und Komplexität verweisen und daher stur der Meinung sind, dass ohne Experten gar

---

[1] Marx, Das Kapital, Bd. I, 450ff

nichts geht. Das mag teilweise stimmen, aber dieser Gruppe kann man entgegenhalten: Unterschätzen sie nicht ihr Klientel! Auch nicht ständig mit der Bewertungsmaterie befasste Auftraggeber haben ein oft größeres Verständnis für Immobilienwerte, als man denkt; diese Auftraggeber können durchaus abschätzen, ob sich eine konkrete Liegenschaft für die zugegeben noch im Anfangsstadium befindliche "Hedonik" eignet oder nicht und Auftraggeber sind daher auch durchaus in der Lage einzuschätzen, ob es sich um wirkliche „Exoten" mit besonders ausfallenden zu beantwortenden Fragestellungen handelt. In diesen Fällen werden nach wie vor herkömmlich sachverständig tätige Immobilienbewerter herangezogen werden. Diese Bewerter werden auch kein Problem damit haben, wenn sie zugeben, dass sie keine apodiktischen Werte liefern können, da das Bewertungsobjekt kaum oder überhaupt gar keine Vergleiche mit anderen Liegenschaften zulässt und man daher auch nicht von einem Verkehrswert sprechen kann. Man hätte aber immerhin einen Orientierungswert für eventuelle weitere Entscheidungsprozesse.

Man sollte daher einfach weniger diskutieren, wie man etwas verhindern kann, was ohnehin nicht mehr verhinderbar ist, sondern könnte stattdessen hedonische Verfahren schon einmal in einem Feldversuch über eine Zeit hinweg laufend mit herkömmlich erstellten Gutachten experimentell replizieren, erkannte Fehlerquellen ausmerzen und das Verfahren weiterentwickeln. Aber eines ist sicher: Im Bewertungsgeschehen wird sich ohnehin schon in naher Zukunft Epochales abspielen, Stichwort „Künstliche Intelligenz (KI)! Wir werden uns auf unglaubliche Veränderungen gefasst machen müssen. Was viele als undenkbar halten, findet schon heute statt: Die Kultur der Algorithmen ermöglicht es zunehmend, menschliches Verhalten zu vermessen. Mittlerweile haben wir eine Stufe erreicht, wo sich Computer bereits selbst Dinge anerlernen und das in einem rasanten Tempo! Mit dieser exponentiell stattfindenden Entwicklung kann das menschliche Gehirn schon jetzt bei weitem nicht mehr mithalten und dieser Prozess setzt sich Tag für Tag in Riesenschritten fort. Erkenntnisse der „intelligenten" Maschinen werden folglich auch im Bewertungswesen Einzug finden, das ist nicht nur eine Vermutung!

BEWERTUNGSSCHULEN

> Zur Meisterschaft eines Meisters gehört es,
> seine Schüler vor sich zu warnen
>
> Friedrich Wilhelm Nietsche

Vorbei am revolutionierenden und unaufhaltsamen Siegeszug der Algorithmen hat sich in der Bewertungstechnik in den letzten Jahren immer mehr eine Anleitungsindustrie festgefahren, die vorschreibt wie man ein Gutachten zu machen hat. In diversen Bewertungsfabriken tummeln sich Experten, die bestrebt sind, das komplexe und schockgefrorene Lehrgebäude noch weiter aufrecht zu erhalten. Wer ein "Experte" oder eine „Expertin" ist, das bestimmt in der Regel eine Netzwerk-Elite. Dieses Netzwerk ist ein Syndikat, das auch distinktiv die Zugangsregeln vorgibt. Warum das so ist, kann man leicht erklären: Es ist zu einem sehr ertragreichen Geschäft für die Lehrenden geworden. Jährlich schießen allein in europäischen Ländern dutzende Lehrstätten, Bücher und Fachzeitschriften ins Kraut, Österreich ganz vorne mit dabei. Die Nachfrage dürfte offensichtlich noch ungebrochen gegeben sein. Denn wer will nicht gerne „Experte" sein? Ist man Baumeister oder Immobilienmakler und darüber hinaus auch Gerichtssachverständiger, noch dazu mit mehreren auf akademische Kompetenz verweisenden drei Großbuchstaben als Namensanhang, dann ist das schon die halbe Miete.

Sieht man die Entwicklung im Sachverständigenwesen, insbesondere im Immobilienbereich, so muss man sich fragen, ob denn der Bedarf an Experten nicht schon gedeckt ist. In Zeiten, wo Sachverständige den Bildungsstätten wie aus einer Popcorn - Maschine entspringen, ist es naheliegend, dass es zu einem Verdrängungswettbewerb unter den Gutachtern mit unweigerlich einhergehendem Qualitätsverlust kommt. Wie wird diese Entwicklung enden?

Derzeit wird auf Teufel komm raus ausgebildet. Zwar hat in den letzten Jahren der Bedarf an Immobiliensachverständigen unbestritten zugenommen, aber bei weitem nicht in diesem Ausmaß, wie es heute die Ausbildungsstätten aus durchschaubaren Gründen vorgeben. Junge Sachverständigen - Aspiranten sollten sich darüber klar werden, dass nur eine kleine Zahl als „Gerichtssachverständige" an die Futterkrippe herankommen wird. Die anderen werden bestenfalls „Lohnarbeiter" in großen Bewerter- Firmen sein.

Das heuchlerische Argument der Ausbildungsstätten, zur Qualitätssicherung beizutragen, lässt sich nur wenig, bis gar nicht halten, ja das Gegenteil ist der Fall: Aufgrund des Konkurrenzdrucks sinkt bereits jetzt die Qualität merklich! Damit Sachverständige noch einigermaßen auf ihre Kosten kommen, werden nicht selten Gutachten in möglichst kurzer Zeit erstellt. Umso wichtiger ist es daher Qualität und Glaubhaftigkeit zumindest verbal zu untermauern, wenn schon keine Zeit für eine gründliche Recherche übrig bleibt. In manchen Gutachten ist etwas irritierend der Satz zu lesen: „…so wahr mir Gott helfe!" Das lässt unweigerlich den Schluss zu: Gläubige Sachverständige sind besonders wahrhaft und zuverlässig. Neulich müssen Gerichtssachverständige in Österreich zu Beginn ihrer Gutachten in einem Absatz ausdrücklich feststellen, dass sie für bestimmte Fachgebiete lt. Nomenklatur zuständig sind und in diesen Gebieten über ausreichende Kenntnisse verfügen. Auftraggebern ist zu wünschen, dass es sich hierbei nicht um Anscheinskompetenz handelt

WARUM WOLLEN ALLE SACHVERSTÄNDIGE SEIN?

Niemand will ein Schuster sein, Jedermann ein Dichter.

Johann Wolfgang von Goethe

Die Anspruchshaltung der überwiegenden Zahl der Seminarbesucher ist es, „Gerichtssachverständige" zu werden. Die Hoffnung nehmen sie nicht zuletzt aus den vielversprechenden Glanzbroschüren der Ausbildungsinstitute oder Akademien, wie sie sich mittlerweile nennen. Ein Bewertungslehrgang kostete 2020 immerhin schon die kleine Summe von 10.000, - Euro, Tendenz steigend. Wie wenig wahrscheinlich es für einen jungen Lehrgang- Absolventen ist, bei der immer größer werdenden Zahl von Experten an den Futtertrog heranzukommen, wird in den Werbebroschüren nicht erwähnt. Wen stört es? Wer kann schon etwas gegen gut ausgebildete Menschen haben? Es scheint schon, als müsse man längere Zeit zur Schule gehen, als zu arbeiten.

Qualität sei immer wichtiger und nur zum Vorteil der Auftraggeber und nicht zuletzt im Sinne der Rechtssicherheit, postuliert man. Das heuchlerische Spiel gutverdienender Lehrmeister in der Immobilienfachwelt auf Kosten hoffnungsvoller junger Menschen ist leicht durchschaubar! Aber das derzeit überall gängige Schlagwort „mehr Bildung" grassiert ja nicht nur im gegenständlichen Bewertungsbereich. Heute benötigt man offensichtlich ein abgeschlossenes Betriebswirtschaftsstudium, um später sein Leben als Taxifahrer oder als Standler an einem Gemüsemarkt zu fristen. Junge Menschen sollten sich daher überlegen, ob sie etliche Tausender in Immobilien- Vortragsinstitute investieren, um später eher als „sachverständiger" Schlüsseldienst im dichten Stadtverkehr hechelnd von einem Besichtigungstermin zum anderen zu hasten, um Immobilien zu vermitteln.

Natürlich braucht es Ausbildungsstätten, denn woher soll der Nachwuchs es sonst erlernen? Fragwürdig sind jedoch oft übertriebene Versprechungen und die hohen Einstiegskosten! Zugeben werden die Initiatoren der einschlägigen Bildungsstätten das freilich nicht. Aber es ist zu hoffen, dass sich ein Gesundungsprozess einstellen wird, damit wieder normale Verhältnisse Platz greifen.

Dass das Lehren in den einschlägigen Bewerter- Bildungsstätten ein begehrtes Betätigungsfeld insbesondere für ehemalige Beamte und Rentner aus juristischen Kreisen ist, soll nebenbei erwähnt werden. Sie sind zu Werbezwecken gelegentlich auch gerne Aushängeschilder der Bildungsstätten.

Zahlen müssen letztlich die Studierenden. Wie soll aber der frischgebackene Experte später über die Runden kommen? Zuerst einmal die Ausbildungskosten, danach hohe Zwangshaftpflichtversicherungen, Büromiete, technische Ausrüstung, Angestellte, Kammergebühren, Tourismusabgaben, Kosten für den Steuerberater usw. sind nicht gerade ermutigend und das gegebenenfalls noch bei dürftiger bis ungenügender Auftragslage.

Hat es aber ein Sachverständiger geschafft, einigermaßen an Aufträge heranzukommen, dann ist für ihn noch längst nicht das Ende der Fahnenstange erreicht. Er muss sich mit der ständig nachdrängenden Konkurrenz auseinandersetzen und sich gegebenenfalls seinen Kunden gegenüber auch preislich moderat zeigen.

Für ein ordentliches Gutachten braucht der Gerichtsgutachter jedoch Zeit, mitunter sehr viel Zeit für die Befundaufnahme an Ort und Stelle, Recherchen im Grundbuch, im Bauamt etc. Unschwer zu erkennen, dass eine in vielen Stunden erstellte Arbeit nicht mit einem geringen Honorar abgegolten werden kann. Nicht selten werden aber von Gerichtssachverständigen für ein mit Rundsiegel unterschriebenes Langgutachten bereits um

350 Euro und darunter angeboten, inklusive 20% Mehrwertsteuer, versteht sich! Welche Qualität wird solch ein mit herkömmlichen Mitteln und Vorgaben erstelltes Gutachten eines Gerichtsgutachters wohl haben?

DIE ABHÄNGIGKEIT DES GUTACHTERS VOM NETZWERK

Die Knechtschaft hält nur wenige fest, die meisten jedoch an ihr.

Lucius Annaeus Seneca

Gerichtssachverständige sollten in Ihrer Entscheidungsfindung absolut frei und in keiner Weise auch nur ansatzweise von irgendjemandem abhängig sein. Der schon im alten Rom gebräuchliche Spruch „eine Hand wäscht die andere" dürfte daher in Sachverständigenkreisen absolut kein Thema sein. Neuerdings hört man jedoch immer öfter: Will man erfolgreich sein, so bedarf es der Zugehörigkeit zu einem einflussreichen und ergiebigen Netzwerk, ohne Netzwerk hätte man keinen Stellenwert. Immer öfter heißt es auch von Seiten der Auftraggeber: Lass von jemandem das Gutachten machen, der gut vernetzt ist und entsprechenden Einfluss hat. "Vernetzung" sollte beim Sachverständigen jedoch nicht positiv, sondern eher negativ konnotiert sein. Wenn jemand "im Netz" ist, so ist er natürlich immer irgendeinem „verpflichtet". Das sollte zu denken geben!

Diese stark immer mehr um sich greifende Abhängigkeit in den so genannten Netzwerken sollte einmal ernsthaft hinterfragt werden. Man könnte sich an Frankreich ein Beispiel nehmen: Dort ist es unerwünscht, wenn Sachverständige die für Gerichte Gutachten erstellen, Privatgutachten annehmen. Eine meines Erachtens sinnvolle Regelung.

Problematisch kann es sein, wenn Beamte als Sachverständige tätig sind: Wenn etwa ein Feuerwehrmann für seine dienstgebende Behörde in Bauverfahren als Brandsachverständiger tätig ist und nebenbei feuerpolizeiliche Privatgutachten für Bauträger erstellt. Ebenso bedenklich würde man es empfinden, wenn ein Beamter über die Vergabe von Wohnbauförderungsmittel entscheidet und gleichzeitig für die davon profitierenden

Bauträger private Parifizierungsgutachten erstellt. Undenkbar wäre es im allgemeinen Verständnis auch, wenn ein für mietrechtliche Belange zuständiger Richter etwa für eine Mietervereinigung bezahlte Sprechstunden hielte.

Erfreulich sollte man daher in diesem Zusammenhang ein allgemein übliches Verhalten der Richter erwähnen, die außergerichtlich auf konkret streitanhängige Rechtsfragen nur ungern ihre Einschätzung abgeben. Häufigen Befragungen dieser Art sind regelmäßig Beamte in den Grundbuchsgerichten ausgesetzt. Ich habe gehört, dass dann Beamte sinnvollerweise gerne lapidar auf den Gesetzestext verweisen, was dann mitunter zu Unrecht als verschroben und unhöflich ausgelegt wird. Damit sollte aber ein Beamter leben können.

ZWANGSVERSTEIGERUNG UND „SPECKJÄGER"

Im Internet gibt es seit einigen Jahren mehrere Plattformen, die auf Versteigerungen von Immobilien hinweisen. Auch Gerichte sind im Internet präsent. In Österreich beispielsweise veröffentlicht das Bundesministerium für Justiz auf seiner Website international vorbildhaft anstehende Zwangsversteigerungen in so genannten „Edikten". Mit aussagekräftigen Fotos, Lageplänen, genauen Objektbeschreibungen zivilrechtlich relevanten Details sowie ausführlichen Verkehrswertgutachten. In den Edikten werden unter anderem auch penibel die Verteigerungsbedingungen kundgetan: Höhe des Vadiums, Höhe des Ausrufungspreise (meistens die Hälfte des Schätzwertes) u.v.m. Diese Seiten sind ausgesprochen nachgefragt. In Österreich können die Versteigerungsedikte im Internet unter: http://www.edikte.justiz.gv.at abgerufen werden.

HEIMTÜCKISCHE VERSPRECHUNGEN

Zwangsversteigerungen sind immer eine äußerst unangenehme Sache für Verpflichtete, deren häusliche Existenz mitunter auf dem Spiel steht. Gerade zu Unzeiten (Weihnachten, Todesfall, Verlust des Arbeitsplatzes, bevorstehende Geburt eines Kindes, Scheidung etc.), werden Betroffene auf eine harte Probe gestellt. In dieser Situation reagieren Verpflichtete meist unrationell; sie befinden sich in einem psychischen Ausnahmetzustand und sind daher nicht selten Opfer von heimtückischen Spekulanten, welche die Not der an die Wand gedrückten Menschen zu ihrem eigenen Vorteil missbrauchen.

Vor angeblich gutmeinenden Helfern sollten sich Verpflichtete daher besonders in Acht nehmen: Erfahrungsgemäß finden leider bereits vor den Versteigerungsterminen Spielchen verschiedenster Art ab, die oft nicht gerade unter die Rubrik „korrekt" einzuordnen sind. Nicht selten wird die Not der Verpflichteten ausgenutzt, indem in letzter Zeit vermehrt Privatpersonen bar jeglicher Legitimation forsch an diese in Not geratene Personen manchmal auch zur Unzeit herantreten und ihnen ungefragt deren ausweglose Situation in düstersten Varianten vor Augen führen, um dann schließlich einen angeblich erlösenden Ausweg aufzuzeigen: Der erschienene „rettende Engel", der mitunter zunächst wie ein Exekutor auftritt, um sich so Gehör und Respekt zu verschaffen, ist dann segensreich bereit, vorübergehend die Schulden des Verpflichteten zu übernehmen. Er würde dem Betroffenen sogar weiterhin in seiner Immobilie eine Zeit lange entgegenkommenderweise für eine Übergangsfrist ohne Gegenleistung das Weiterwohnen gestatten. Im Gegenzug müsse der Verpflichtete allerdings eine Vereinbarung unterschreiben, in dem ihm Verpflichtungen bis hin zum Kaufvertrag auferlegt werden, die naturgemäß für den Käufer nicht nachteilig abgefasst sind. In dieser Situation unterschreiben Verpflichtete in ihrer Zwangssituation nicht selten unüberlegt einen gerichtlichen Räumungsvergleich. So ein Räumungsvergleich ist eine gnadenlose Vereinbarung, die schließlich den Verpflichteten sehr rasch endgültig aus seiner Immobilie vertreiben kann.

Diese in Not geratene Menschen lassen sich aus Angst vor der Schande einer Zwangsversteigerung oder gar der drohenden Obdachlosigkeit leicht zu unüberlegten Handlungen hinreißen, die sie später bitter bereuen. Meist glauben Verpflichtete durch diese Handlung Zeit gewonnen zu haben in der Hoffnung, das Geld zur Beseitigung eines exekutiven Pfandrechtes letztlich doch aufbringen zu können. In der Regel ist das eigentliche Problem aber für die Verpflichteten dadurch nicht gelöst, sondern wird nur um einige Wochen oder Monate verschoben. Dieses „Modell der Rettung" zur Einstellung einer Zwangsversteigerung kennt mehrere unsägliche Varianten, die hier aber nicht weiter ausgeführt werden, der Phantasie des Lesers wird hier freier Lauf gelassen.

Die erwähnten unlauteren Methoden sind mitunter auch Grund dafür, dass einige Objekte erst gar nicht im Gerichtssaal zu Versteigerung gelangen, da die Verfahren aufgrund dieser fraglichen Deals eingestellt werden. Den in Not geratenen Menschen ist daher dringend zu raten, eine Schuldnerberartungsstelle aufzusuchen. Angst und Verzweiflung sind in dieser Situation fehl am Platz, denn es gibt immer einen Ausweg, auch in einem Versteigerungsverfahren! Schlimmstenfalls steigt man auf der Lebensleiter eine Sprosse herunter, um zu einem späteren Zeitpunkt wieder aufzusteigen.

Der Akt der Versteigerung vor Gericht ist immer ein aufregendes Unterfangen: Ist man als Bietender an einem ausgeschriebenen Objekt interessiert, dann muss man sich vor Beginn der Versteigerung einmal ausweisen (Achtung bei Vollmachten, diese müssen den Formvorschriften entsprechen), weiters hat man beim amtshandelnden Richter eine Sicherheitsleistung zu erbringen (Vadium). Um nicht wegen eines Formfehlers vom Verfahren ausgeschlossen zu werden, empfiehlt es sich, rechtzeitig entsprechende Informationen bei Gericht einzuholen. Die Versteigerungsbedingungen werden auch akribisch in den Edikten auf der Homepage des BMJ veröffentlicht.

Bieter erhoffen sich naturgemäß wenige Konkurrenten. Ist man der einzige Bieter, hat man die Chance, eine Immobilie um den halben Schätzwert erwerben zu können. Erscheint aber für den Bieter bedauerlicherweise doch ein Mitbieter, kommt es leider hin und wieder vor, dass verbotene Absprachen noch am Gang vor dem Gerichtssaal getroffen werden: „Wenn Du nicht mitsteigerst, dann ist mir das eine bestimmte Summe wert!" Das ist natürlich eine eindeutige Übervorteilung des Verpflichteten wie auch des Betreibers und daher auch strafrechtlich belangbar!

Angenommen der Zuschlag erfolgt zum halben Schätzwert, so ist die Sache für den Erwerber aber damit noch nicht gelaufen, denn es gilt dann noch eine Frist abzuwarten, innerhalb welcher jedermann ein sogenanntes „Überbot" abgeben kann. Wird ein solches abgegeben, hat der Erstbieter die Möglichkeit, mit der Erhöhung seines ursprünglich abgegebenen Gebots gleichzuziehen.

Dass sich Ersteher mit dem Zuschlag aus Gründen einer Gewinnmaximierung nicht zufriedengeben und zu einem späteren Zeitpunkt das der Versteigerung zugrunde gelegte Sachverständigengutachten sogar nach erfolgter Versteigerung ankämpfen, ist neuerlich auch zu einem beliebten „Sport" geworden. Die Tatsache, dass heute fast jeder schon eine Rechtsschutzversicherung hat, ermutigt dann schon so Manchen, letztlich einen Schaden geltend zu machen, weil beispielsweise der Sachverständige einen wertmindernden Umstand zu wenig berücksichtigt hätte.

Versteigerungsverfahren können sehr zum Ärger der Betreiber fast beliebig in die Länge gezogen werden, das beginnt bei der Zustellung von RSa- Schriftstücken bis hin zur Ankämpfung von angeblichen Fehlern in der Formalkette einer Versteigerung. Aus begreiflichen Gründen wird an dieser Stelle nicht im Detail auf diese unlauteren Tricks eingegangen.

Die Benachteiligung von Gläubigerinteressen ist ebenfalls ein beliebtes Spielchen manch „schlauer" Verpflichteter: Bekanntlich ist eine Liegenschaft nur so viel wert, als letztlich Nutzen daraus gezogen werden kann. Ist beispielsweise eine Wohnung auf unbestimmte Zeit (quasi auf „ewig") scheinhalber um einen ganz geringen Betrag an einen Strohmann oder an ein Familienmitglied vermietet, so würde das in der Regel den Wert einer Immobilie enorm vermindern. Um nicht vordergründig den Anschein einer absichtlichen "Schlechtermachung" der Immobilie zu erwecken, wird gern ein vordatierter Mietvertrag konstruiert, in der Hoffnung, dass man später durch einen Strohmann die Liegenschaft billig zurückerhält, weil ja kaum ein Ersteher an einer unkündbaren Wohnung mit schlechtem bis gar keinen Ertrag interessiert ist. Das wäre aber schlicht ein Fall für den Staatsanwalt! Solche Machenschaften werden von den Gerichten meistens rechtzeitig entdeckt, sodass man sich gut überlegen sollte, Gedanken in diese Richtung zu hegen.

Private Versteigerung

Liegenschaftsverkauf einmal anders

Weitgehend noch unüblich ist in Österreich die Möglichkeit, eine Liegenschaft selbst und freiwillig zu versteigern. Freiwillige Versteigerungen dürfen nicht mit Zwangsversteigerungen verwechselt werden! Als Überbegriff hat sich in Fachkreisen mittlerweile das so genannte „Bieterverfahren" etabliert, wobei es davon verschiedene Arten gibt. So können entweder im Internet nach Identifizierung der Bieter Gebote online abgegeben oder auf herkömmliche Weise schriftlich an einem zu bestimmenden Ort (z. Bsp.: in einem Notariat) hinterlegt werden. Teilweise werden auch direkt formlose Versteigerungen in Rechtsanwaltskanzleien oder Maklerbüros abgehalten. Diese bislang nicht allzu oft in Anspruch genommene Verkaufsmöglichkeit hat unbestritten Vorteile, insbesondere wenn es sich um Sonderliegenschaften handelt und nur schwer abzuschätzen ist, wieviel am Markt zu erzielen ist bzw. um welchen Preis man eine Immobilie anbieten soll. Verlangt man vorweg zu viel, wird man möglicherweise ernsthafte Kaufinteressenten abschrecken, bietet man die Immobilie zu niedrig an, läuft man Gefahr Geld zu verschenken, da es gegebenenfalls Käufer gibt, die mehr zu zahlen bereit wären.

Manche Firmen organisieren Bieterverfahren online, d.h., wird ein Anbotleger von einem anderen Teilnehmer überboten, dann erhält dieser am Handy eine Verständigung und kann seinerseits ein höheres Anbot abgeben. Diese Variante ist nur eine von verschiedenen Möglichkeiten, wird aber immer beliebter. Ob auf diese Weise eine Immobilie aber effizienter verkauft werden kann, bleibt dahingestellt. Wichtig ist wie bei allen übrigen Verkaufstechniken die Werbung. Wenn nur wenige vom Verkauf einer Immobilie wissen, darf man sich keine Wunder erwarten.

Eine Sonderform nehmen die gesetzlich geregelten freiwilligen Feilbietungen ein, die dem „Feilbietungsrechtsänderungsgesetz" (abgekürzt: FRÄG) unterliegen. In diesem Verfahren werden im Vorfeld die „Spielregeln", unter welchen das Verfahren stattfinden soll, festgelegt. Dabei werden vom Verkäufer mit Unterstützung von Notar, von einem Rechtsanwalt oder einem durchführenden und berechtigten Immobilienmakler die genauen Versteigerungsbedingungen festgelegt: Geringstes Gebot, Höhe des zu hinterlegenden Vadiums (Sicherheitsleistung), eventuell eine Überlegungsfrist, bis wann man letztlich als Verkäufer das Anbot annimmt sowie sonst üblich in einem Kaufvertrag aufzunehmende Punkte. Die Versteigerungsbedingungen können so gestaltet werden, dass sie später auch als grundbuchsfähiger Kaufvertrag verwendbar sind. Bei der Feilbietung selbst, die sinnvollerweise unter Aufsicht eines Notars stattfindet, wird ein Meistbieter ausfindig gemacht. Der Verkäufer kann sich gegebenenfalls noch vorbehalten, das Angebot anzunehmen oder auszuschlagen.

Vor dem Versteigerungstermin wird die feilzubietende Liegenschaft im Internet offiziell auf der Website des Bundesministeriums für Justiz mit allen erforderlichen Objektinformationen - in der Regel samt einem ausführlichen Verkehrswertgutachten-veröffentlicht.[1] Das hat einen nicht zu unterschätzenden Verbreitungsfaktor zur Folge. Außerdem bleibt es dem Verkäufer unbenommen, darüber hinaus das Verkaufsobjekt in sonstigen Medien zu bewerben.

Anlassfälle für derartige Verfahren können insbesondere Verkaufsfälle sein, wo unter mehreren Verkäufern ein Misstrauen oder Uneinigkeit über die Verkaufssumme bestehen. Bei Scheidungen oder in Nachlassverfahren kann die Feilbietung gegebenenfalls ein sehr taugliches Instrument sein: Die Übervortei-

---

[1] https://edikte.justiz.gv.at/edikte/ff/ffedi09.nsf/suche!OpenForm&subf=e

lung einer Partei wird auf diese Weise von vornherein ausgeschlossen, da die zu veräußernde Liegenschaft öffentlich zum Verkauf steht. Hat beispielsweise ein Ehepartner oder Erbe selbst ein besonderes Interesse am gegenständlichen Objekt, hat er die Möglichkeit seinerseits als Meistbieter das Objekt zu erwerben. Die andere Partei hat in diesem Fall die bestmögliche Gewissheit, anteilsmäßig nicht zu wenig erhalten zu haben. Somit sind nervenraubende und kostspielige Gerichtsverfahren vor allem über die Höhe von Schätzsummen vorweg ausgeräumt.

Auch die Kosten in derartigen Verfahren können im Vorfeld ausgehandelt werden und sind in der Regel günstiger als in herkömmlichen Verkaufstransaktionen.

Resümierend muss man aber auch hier sagen: Abgesehen von den vorhin erwähnten Sondersituationen (Scheidung, Erbschaftsstreitigkeiten etc.) darf man sich mit diesem Verfahren auch kein Allheilmittel erwarten. Im Gegensatz zur Zwangsversteigerung, in dem Bieter so wenig wie nur möglich zu zahlen trachten und Verpflichtete ihrem Schicksal ausgeliefert sind, hat man es beim Bieterverfahren oder der freiwilligen Versteigerung in der Regel mit einem ebenbürtigen Verkäufer zu tun, der nicht um jeden Preis seine Liegenschaft verkaufen muss.

Beim Bieterverfahren und auch der freiwilligen Versteigerung (FRÄG) lizitieren sich Interessenten im günstigen Fall für den Verkäufer zu einen hohen Preis hin. Ist der Verkäufer mit dem Höchstbot unzufrieden, muss er nicht um diesen Betrag verkaufen. Hingegen hat ein Bieter bei einer Zwangsversteigerung beim Zuschlag eines niedrigen Angebots mitunter den Vogel abgeschossen, da der Verpflichtete selbst einen aus seiner Sicht zu geringen Preis akzeptieren muss.

ZEITRENTE UND MIETKAUF

Aus nichts wird nichts

Lukrez, röm. Dichter (55 v. Chr.)

Wir brauchen das moderne Märchen! Nüchterne Erwachsene wissen zwar, dass „Tischlein deck dich" zu schön ist, um wahr zu sein, aber insgeheim hoffen wir doch immer wieder wenig auf ein Wunder. Das „Wunder" *Mietkauf* verheißt Unbedarften eine komfortable Lösung, um ohne „Mietverlust" zu Liegenschaftseigentum zu kommen. Demnach würde mit der Miete Monat für Monat der Kaufpreis abbezahlt werden.

Jeder einigermaßen Informierte weiß aber, dass für den Ankauf einer Immobilie in der Regel etwa ein Drittel des Kaufpreises bar vorhanden sein sollte, um erst überhaupt als Käufer in Betracht zu kommen. Der Restkaufpreis wird in den meisten Fällen von einer Bank finanziert - vorausgesetzt natürlich, man kann ein geregeltes Einkommen in adäquater Höhe nachweisen. Fast ein ganzes aktives Berufsleben lang verpflichtet sich dann der Schuldner, das Hypothekardarlehen samt Zinsen bei der Bank zu tilgen. Je nach Zinshöhe und Laufzeit kann dabei die monatliche Belastung ganz beträchtlich sein.

Beim Mietkauf würde das vorgeblich ganz anders sein: Keine Miete mehr für den ungeliebten „nimmersatten Vermieter", der das Geld für sich einsteckt, so könnte man meinen. Dem Mietkäufer würde demnach ab dem ersten Tag jede Monatsmiete zur Gänze für eine spätere Eigentumsübertragung gutgeschrieben bzw. eingerechnet werden.

Die Milchmädchenrechnung könnte demnach so aussehen: Eine Wohnung wird zum Zeitpunkt des Mietbeginns um 120.000 Euro verkauft. Die Miete beträgt 500 Euro im Monat. Demnach ist die Wohnung in 20 Jahren ausbezahlt (500*12*20=120.000).

Man mag es Mietkauf oder Zeitrente nennen, die Rechnung wird nicht so einfach gehandhabt wie hier unterstellt, denn man vergisst in diesem Beispiel wesentliche Komponenten: 1. die Zinsen, auf die kaum jemand verzichten wird und/oder 2. eine Wertsicherungsvereinbarung.

ZEITRENTE

Bei Zeitrentenverträgen wird, wie auch in anderen ähnlichen Modellen die Rate üblicherweise indexgesichert. Das ist fair und völlig normal, denn auch Mieten sind praktisch immer wertgesichert. Verkäufer von Immobilien, die sich in einen Zeitrentenverkauf einlassen, kalkulieren die Rückzahlung naturgemäß nicht zu deren Nachteil. Da ja der Kaufpreis dem Verkäufer nicht sofort zur Verfügung steht, wird dieser Umstand gern in einer höheren Rate als oben im Beispiel beschrieben, entsprechend berücksichtigt. Hätte der Käufer den gesamten Kaufbetrag sofort zur freien Verfügung, könnte er umgehend eine andere Investition tätigen indem er beispielsweise Aktien kauft, sich einen schicken Sportwagen anschafft oder das Geld für Urlaube ausgibt, was ihm bei einem ratenweise zufließenden Kaufpreis über mehrere Jahre hinweg nur bedingt möglich ist.

Daher ist es üblich, dass sich Verkäufer diesen „Nachteil" des Wartens bezahlen lassen, das heißt über eine entsprechend höhere Rate oder eine längere Laufzeit hinweg „entschädigen" lassen. Wie hoch diese Entschädigung ausfällt, hängt vom Zinssatz ab, den sich der Verkäufer als „Entbehrungsobolus" erwartet. Es ist aber auch nicht auszuschließen, dass dieser Zinssatz null ist, wenn sich der Verkäufer mit einer bloßen Wertsicherung zufrieden gibt. Übertreibt ein Verkäufer seine Entschädigungserwartung hingegen, so wird er vermutlich keinen Käufer finden, der auf eine zu hohe Kaufpreisforderung einsteigt. Letztlich korrelieren aber immer Kaufpreis und Raten, sodass schlussendlich nur eine nüchterne Rechnung über eine günstige oder ungünstige Investition Aufschluss gibt.

Das Modell Zeitrente wird erfahrungsgemäß allerdings kaum genutzt, da man aus Verkäufersicht noch immer zu sehr dem System des Bargeldes verbunden ist. In der Vergangenheit wurden über Jahrzehnte hinweg Verkäufe fast ausschließlich nur gegen Erlag der gesamten Kaufsumme abgewickelt. Diese Vorgangseise war insbesondere in Zeiten sinnvoll, als man mit einem Sparbuch gute Zinsen lukrieren konnte. Heute schaut die Sache ganz anders aus: Was macht man mit einer großen Bargeldsumme, die man aus einem Verkauf generiert? Da man Geld kaum noch sicher und effizient anlegen oder aufbewahren kann, könnte ein Zeitrentenvertrag durchaus Sinn ergeben.

Gerade ältere Menschen würden bei dieser Art des Immobilienverkaufes profitieren, da sie Bargeld zumeist ohnehin nicht in größeren Summen benötigen und andererseits monatlich ein sicheres Zusatzeinkommen zu ihrer Rente lukrieren können. Bei Todesfall eines Erblassers geht die Rente auf die Erben über und ist somit nicht verloren. Je nach Konditionen kann diese Art der Immobilientransaktion auch für jüngere Menschen als Käufer Vorteile bringen, da gegebenenfalls keine Finanzierung mehr über eine Bank nötig ist. Verkäufer wiederum sind bei Nichtbezahlung der Zeitrente grundbücherlich abgesichert und können schlimmstenfalls wieder auf das Verkaufsobjekt zurückgreifen, sollten Zahlungsverpflichtungen nicht eingehalten werden.

Mietkauf

Wie verhält es sich mit dem Mietkauf? Bei diesem Geschäftsmodell gibt es unterschiedlichste Varianten, die aber die Erwartungen des „Mietkäufers" großteils nicht erfüllen.

Die Vorstellung, eine in Bestand genommene Immobilie auf besonders günstige Weise erwerben zu können, da man mit jeder *„Monatsmiete"* ein Stück Wohnung in sein Eigentum überträgt ist eher unwahrscheinlich, wie schon vorhin erwähnt. Gegebenenfalls sagt man einem Mieter (Käufer) zu, die ab Verkaufszeitpunkt bis Ende der vereinbarten Laufzeit gezahlten Mieten ganz oder teilweise auf den vereinbarten Kaufpreis anzurechnen. Der Verkäufer einer Mietkaufwohnung behält sich aber meistens einen Teil der monatlichen Zahlung als Mietzins ein, womit das Kalkül des Mieters kaum mehr in der erwarteten Vorstellung aufgeht. So kann der Kaufvertrag derart verfasst sein, dass am Ende der Mietlaufzeit noch ein größerer Restbetrag zu zahlen ist. Zudem kann anfangs eine Einmalzahlung vereinbart werden (z.B.: Grundanteil).

BAUHERREN- STEUER- UND ANLEGERMODELLE

Ein Problem sind in Österreich so genannte „Vorsorgewohnungen" im ideellen *Miteigentum!* Dabei wird Käufern zunächst lt. Vertrag üblicherweise eine konkret beschriebene Wohnung zugesagt, um Käufern gegenüber den Eindruck zu vermitteln, als hätte man diese bestimmte Wohnung gekauft. Über diese Wohnungen kann allerdings weitgehend nicht *uneingeschränkt* verfügt werden, solange an dieser Liegenschaft kein Wohnungseigentum begründet ist. Der Grund, in Wirklichkeit „bloß" ideelle, schlichte Miteigentumsanteile an einer Wohn- und Geschäftshausanlage zu verkaufen, lag insbesondere in der Vergangenheit vorrangig daran, Förderungsgelder und Steuervorteile generieren zu können.

Die Inanspruchnahme dieser Vorteile war zwar vordergründig lukrativ, da man auf diese Weise eine Wohnung um einen relativ günstigen Preis erwerben konnte. Das auf diese Art günstig erworbene Produkt hatte aber auch eine unangenehme Kehrseite, denn wenn ein Anleger später „seine" Wohnung verkaufen wollte, musste er oft bitter erfahren, dass er eigentlich keine Eigentumswohnung, sondern nur *ideelle Miteigentumsanteile an einer Wohnanlage* besaß.

Nun könnte man prinzipiell auch zu einem späteren Zeitpunkt Wohnungseigentum begründen, dagegen spricht eigentlich nichts. In der Praxis ist das aber leider keine so einfache Angelegenheit: Selbst wenn seinerzeit die Zuweisung einer konkreten Wohnung in einer Nebenabrede auf Basis eines Nutzwertgutachtens (Parifikat) erfolgte – was im Sinne der oa. Vorteilsbeanspruchung übrigens rechtlich bedenklich sein könnte – ist ein Nutzwertgutachten nach so vielen Jahren in der Regel nicht mehr brauchbar, da ein altes Gutachten zumeist aufgrund zwischenzeitlich stattgefundener Gesetzesänderungen beim Grundbuchsgericht nicht mehr zielführend eingebracht werden kann. Man müsste also in diesem Fall ein neues Nutzwertgutachten in Abstimmung aller (!) Miteigentümer in Auftrag geben.

Der Widerstand nur eines Miteigentümers würde jedoch schon genügen, um das Projekt Wohnungseigentumsbegründung zumindest vorerst einmal zu vereiteln. Eine Durchsetzung müsste eventuell klagsweise durchgesetzt werden, was unter Umständen jahrelange Rechtsstreitigkeiten nach sich ziehen kann. Das hieße auch, dass ein Verkäufer bis zur endgültigen Wohnungseigentumsbegründung nur „ideelle Miteigentumsanteile", wenn überhaupt, dann nur um einen deutlich unter dem Marktwert einer Eigentumswohnung liegenden Preis verkaufen könnte.

Da es sich bei diesem Thema um höchstkomplexe Rechtskonstrukte handet, sollte man sich diesbezüglich jedenfalls juristischen Rat einholen!

BAUTEN AUF FREMDEM GRUND
(BAURECHT/ SUPERÄDIFIKAT)

War das „Baurecht", einst Privileg von Staat und Kirche, gibt es seit geraumer Zeit in Österreich diesbezüglich keine Einschränkungen mehr. Die Gründe, sich dieser Rechtsformen zu bedienen, haben heute oft steuerliche Aspekte. Insbesondere Firmen nutzen gerne diese Vertragsform.

Ein Bauwerk auf fremden Grund, wird heute noch abwertend als „Luftkeusche" bezeichnet, eigentlich zu Unrecht! Denn die Rechtsinstrumente "Baurecht" und "Superädifikt" gelten allgemein als gesetzlich umfassend geregelt und werden ohne Vorbehalt als gesichert angesehen.

Nach allgemeinem Verständnis kann man ein Gebäude nur auf seinem eigenen Grund errichten. Beides, das Grundstück sowie das darauf befindliche Gebäude sind überwiegend Eigentum eines oder gegebenenfalls mehrerer Eigentümer. Das eher nicht so bekannte Recht „Bauten auf fremdem Grund zu errichten" und in weiterer Folge zu nutzen, dient der Verselbstständigung von Bauwerken. Diese Rechtskonstruktion findet man hin und wieder auch bei Eigentumswohnungen vor.

Wie der Name „Baurecht" schon verrät, handelt es sich um ein *Recht*. In abgeänderter Form trifft das auch für das so genannte Superädifikat zu. Auf Unterschiede wird an dieser Stelle aufgrund der Komplexität nicht näher eingegangen. Bei näherem Interesse empfiehlt es sich die entsprechende, ausreichend vorhandene Literatur zu besorgen! Einer der wesentlichen Unterschiede ist die Behandlung im Grundbuch: Während das Superädifikat in einer Kartei und der Urkundensammlung beim zuständigen Grundbuchsgericht geführt wird, werden hingegen beim Baurecht im EDV-Grundbuch „Stammeinlage" und die zugehörige „Baurechtseinlage" als voneinander getrennte Teile behandelt. Neben strengerer Formvorschriften gibt es u.a. Unterschiede in der Festlegung der Vertragsdauer sowie des Entgeltes oder der Behandlung bei Beendigung des Rechtes vor oder nach Zeitablauf.

VERKEHRSWERT EINES BAURECHTES/ SUPERÄDIFIKATS

Die Höhe des an den Grundstücksvermieter zu zahlenden Mietzinses stellt für den Ersteher von Baurechten und Superädifikaten eine wesentliche Entscheidungsgrundlage dar. Daher wird auch die Wertfindung eines Baurechts oder Superädifikats prinzipiell von der Wirtschaftlichkeit in Abhängigkeit gebracht.

Erspart sich jemand, der ein Gebäude auf fremdem Grund errichten möchte das Aufbringen des Grundstückspreises, da er ja nur eine Miete an dem Grundeigentümer bezahlt, so verschafft er sich dadurch Liquidität. Zahlt angenommen der Baurechtsnehmer (Mieter) für das Baurecht im Monat weniger, als er beispielsweise bei Aufnahme eines Hypothekardarlehens bei der Bank an Zinsen zahlen müsste, dann würde sich das Geschäft für ihn lohnen. Zahlt er mehr Grundstücksmiete als übliche Hypothekarzinsen, so hätte er unter Umständen das Grundstück besser gleich kaufen können und wäre damit gegebenenfalls günstiger gefahren. Bei dieser Betrachtung sind steuerliche Aspekte selbstverständlich nicht berücksichtigt.

Diese prinzipielle, oben dargestellte Betrachtungsweise lässt sich durch eine entsprechende Kapitalisierung von künftigen Mieten bei Gegenüberstellung einer üblichen, klassischen Finenzierung errechnen.

Je nachdem, aus welcher Position man diese Berechnung betrachtet, kann man ausgehend von einem aktuellen Grundstückswert einen „Vorteil" oder „Nachteil" darstellen und die Differenz entweder beim Baurecht (Mieter) oder bei der Stammeinlage (Grundstückseigentümer) entsprechend berechnen.

IMMOBILIEN - NEUSPRECH

Wer mit Immobilien zu tun hat, sollte sich mit dem aktuellen Fachvokabular vertraut zu machen. Wer das nicht macht und noch von „Anlageobjekten", einem „Hausverwalter" oder gar von einer „Komfortwohnung" spricht, der befindet sich auf Steinzeitniveau. So konnte man beispielsweise in der Zeitung der Wirtschaftskammer lesen: „Beim Sparkling Brunch wurde der Conversion eines ehemaligen Verwaltungsgebäudes in ein Mixed-Use-Objekt vorgestellt. Es entstehen dort 249 hochwertige State-of-the-Art-Wohnungen als eines der wichtigsten Assets in Wien, mit zukunftsorientierter und vielversprechender Performance." Weiters war zu lesen, dass es dort einen „Baustellen-Hingucker" geben würde: Die weithin sichtbare Skulptur „Lunch Atop"!

Heute ist es en vogue von Groups, Consultings, Faksilitymanagement, benchmark rent, cash flow analysis, senior loans oder commercial financing zu sprechen. Die Liste ist noch lange nicht vollständig. Je fremdsprachiger man konversiert, desto kompetenter der Anschein! Die oa. Ausdrücke gehören mittlerweile zum selbstverständlichen und längst gebräuchlichen Wortschatz der „Immobilienmacher".

Am Immobilienmarkt werden deutlich sichtbar neue Wege beschritten. Den ausländischen Investoren wird zu Verstehen gegeben, dass man auch in Österreich den Anschluss an das internationale Immobiliengeschehen gefunden hat. Der Trend macht auch am Marketing nicht Halt: Je mehr Hype, desto besser ist vermeintlich das Asset. Mit dem verheißungsvollen Namen „Hängende Gärten" wurde vor Jahren in Graz eine Wohnanlage vorgestellt. Halbnackte Mädchen und Body-Printer sorgten für Stimmung und die Medien berichteten gerne vom Event.

In aller Munde waren kürzlich noch „Lofts": Phantasievoll wurde eine solche in einem Immobilienmagazin wie folgt beschrieben:

„Unsere Lofts bieten geiles Ambiente in einer stilvollen Location, deren optisches Erscheinungsbild sich zum entsprechenden Anlass auch ändern kann [...] man wohnt dort easy und leger...".

Extrem trendig ist derzeit das Wort „Development"! Für die alten „Realitätenbesitzer" oder die Wiener „Hausherren", die es vermutlich noch nicht wissen: Hier wird von „Entwicklung" (der Immobilie) gesprochen.

IMMOBILIENTRENDS

Trends und Hypes wechseln heute schneller denn je. Was gestern noch „der Schlager" war, ist heute schon out. Das hängt naturgemäß auch mit den modernen Lebensgewohnheiten der Menschen zusammen. Wenn man heute in Fachzeitschriften liest, dass Garconnieren mit wenig Quadratmeter Wohnnutzflächen eher gefragt sind als Großwohnungen, ist damit noch lange nicht gesagt, dass dies in fünf oder zehn Jahren noch immer so sein wird. Eine Immobilie sollte man jedoch langfristig betrachten; zumindest hat man das bisher so gesehen. Man kann sich noch daran erinnern, dass vor 35 Jahren schon einmal Garconnieren als Anlageobjekte durchwegs gefragt waren, da sie weniger kosteten und wegen der geringeren Betriebs- und Heizkosten leichter vermietet werden konnten. Das Verhältnis Investition - Cashflow stimmte. Aus irgendwelchen Gründen auch immer, waren zwischendurch Garconnieren dann nicht mehr so nachgefragt, heute sind sie es wieder.

Von so genannten Insider-Tipps sollte man sich nicht verrückt machen lassen. Es ist zwar sinnvoll prinzipiell diverse Informationen einzuholen, aber letztlich sollte man vor einer Investition auch seinen Hausverstand einsetzen. Noch vor gar nicht allzu langer Zeit prognostizierten Immobilienexperten eine Landflucht. Schlechte Infrastruktur, mangelnde Arbeitsmöglichkeiten, weit entfernte Bildungsstätten usw. ließen das Leben auf dem Lande als unattraktiv erscheinen. Nur in die Stadt hieß es. Aufgrund der Bodenknappheit in Ballungsräumen glaubt man wieder einen gegenteiligen Trend zu erkennen: Billigere Baugründe, gesunde Luft, pure Natur, die Möglichkeit in seinem Homeoffice arbeiten zu können und nicht zuletzt weniger Stress würden das Landleben lebenswert machen.

Die heute immer mehr um sich greifenden Wahrsagereien, Voraussagen und Statistiken haben oft nur eine kurze Gültigkeit und dienen eher dazu, eine „Geschichte" in den Zeitungen und einschlägigen Immobilienmagazinen unterzubringen. Der Hausverstand sollte daher immer letzte Instanz bei einer Immobilientransaktion sein.

PARIFIZIERUNG,
EINE ÖSTERREICHISCHE WICHTIGTUEREI

Es wird immer komplizierter, einfach zu leben.

Deutsches Sprichwort

In keinem anderen Land gibt es so komplexe Regelungen hinsichtlich des Wohnungseigentums, wie in Österreich. Davon profitieren seit Jahrzehnten in einem erheblichen Maße Sachverständige, Zivilingenieure und Juristen. In Deutschland, Frankreich, der Schweiz und in anderen Ländern gibt es Eigentumswohnungen auch ohne einer dem Rechtsvorgang der Wohnungseigentumsbegründung vorgeschalteten und extrem umständlichen „Parifizierung".

Da wir in Österreich aber nun einmal mit unserer liebgewordenen und wohl einzigartigen „Wichtigtuerei" schon jahrzehntelang unsere Freude haben und der Meinung sind, dass ohne Pazifizierung Wohnungseigentum schlicht unmöglich wäre, werden wir voraussichtlich noch lange mit diesem Rechtskonstrukt zu tun haben. Zugegeben, es wäre wohl ein gewaltiger Kraftakt, würde man plötzlich vom alten System der Wohnungseigentumsbegründung abgehen. Schon aus diesem Grunde lohnt es sich für alle die mit Wohnungseigentum in Berührung kommen, sich damit zu beschäftigen.

In diesem Kapitel werden einige Punkte zu diesem Thema angesprochen, die der breiten Allgemeinheit vielleicht nicht so bekannt sind. Es ist beispielsweise leichtsinnig zu glauben, dass man Wohnungseigentum einfach nur so kauft und in weiterer Folge nach Gutdünken uneingeschränkt nutzen kann. Ein Käufer kann sich im Zuge eines Erwerbsvorganges in Wirklichkeit erst dann einigermaßen beruhigt zurücklehnen, wenn er den rechtskräftigen Bescheid der Eigentumsübertragung vom zuständigen Grundbuch in Händen hält.[1]

Ich rate jedem Käufer dringend, sich jedenfalls den Vertrag von einem Rechtsanwalt oder Notar erstellen zu lassen. Vorsicht ist insbesondere auch dann geboten, wenn es sich um eine Neubauwohnung handelt, für die noch kein rechtskräftiges „Wohnungseigentum" begründet ist! Üblicherweise übernehmen die Vertragserrichter eine Treuhandschaft, die eine ordnungsgemäße Kaufpreisberichtigung einerseits und die konfliktfreie Objektübergabe andererseits garantieren.

Um als *Wohnungseigentümer* im Grundbuch eingetragen zu werden, bedarf es einiger wichtiger und unabdingbarer Voraussetzungen. Eine davon ist die „Parifizierung", die einen wesentlichen Stellenwert im Wohnungseigentum einnimmt und vor dem Kauf einer Wohnung unbedingt (!) eingesehen werden sollte, da darin der Kaufgegenstand exakt definiert ist. Eigentlich heißt es schon lange nicht mehr „Parifizierung", sondern „Nutzwertfestsetzung" oder „Nutzwertgutachten", es handelt sich hierbei um eine Urkunde, die für die Begründung von Wohnungseigentum herangezogen wird. Der alte Begriff Parifizierung wird aber allgemein noch gerne gebraucht und ist sogar eher gebräuchlich, als der im Wohnungseigentumsgesetz festgeschriebene Begriff „Nutzwertgutachten". Das Gutachten, mitunter auch Parifikat genannt, dürfen nur ein für diesen Fachbereich berechtigte allgemein beeidete und gerichtlich zertifizierte Sachverständige oder für den Hochbau zuständige Ziviltechniker erstellen.

Berechtigte Sachverständige sind ua. auf der Website des Bundesministeriums für Justiz veröffentlicht:

---

[1] Dieser Punkt betrifft natürlich auch übrige Kaufvorgänge im Liegenschaftsverkehr!

http://sdgliste.justiz.gv.at/edikte/sv/svliste.nsf/Suche?Open-Form&subf=svlfg&vL3obSVF=94.70&NAV=94.70&L1=Immobilien%20(Bewertung%2C%20Verwaltung%2C%20Nutzung)&L2=Nutzwertfeststellung%2C%20Parifizierung

Gegebenenfalls kann auch der Sachverständigenverband der allgemein beeideten und gerichtlich zertifizierten Sachverständigen Österreichs gute Sachverständige empfehlen.

Das Wohnungseigentumsgesetz, ursprünglich 1948 ins Leben gerufen, 1975 und 2002 jeweils wesentlich verändert und in den folgenden Jahren meist nach politisch motivierten Gründen ständig angepasst, nimmt einen wichtigen Stellenwert im österreichischen Grundbuchsrecht ein. Vereinfacht gesagt: Ohne Begründung von Wohnungseigentum kann man keinen Grundbuchskörper (keine Liegenschaft bzw. Gebäude) zivilrechtlich sauber teilen. Der Vorteil: Ein im Grundbuch auf Basis eines Nutzwertgutachtens eingetragener Wohnungseigentümer ist berechtigt, ein Wohnungseigentumsobjekt ausschließlich zu nutzen und alleine darüber zu verfügen. Über das „schlichte Miteigentum" hinaus, wird somit dem Wohnungseigentümer hinsichtlich seines WE-Objektes ein starkes Nutzungsrecht eingeräumt.

Ideelles Miteigentum

Der Vollständigkeit halber sei erwähnt: *Miteigentümer* einer Liegenschaft können hinsichtlich Teile ihrer Immobilie prinzipiell auch ohne Begründung von Wohnungseigentum Nutzungsvereinbarungen treffen. Von dieser Möglichkeit raten jedoch die meisten Juristen ab. Beispielsweise lassen sich beim *Wohnungseigentum* Pfandrechte komfortabler sicherstellen; das ist auch der Grund, dass Banken Wohnungseigentumsobjekte eher finanzieren, als schlichtes ideelles Miteigentum. Auch beim Verschenken, Vererben oder beim bloßen Verkaufen ist das Rechtsinstitut „Wohnungseigentum" vorteilhafter.

Grundbuchsangelegenheiten sind sehr komplex und ein juristisches Spezialgebiet. Daher sollte dieser Bereich prinzipiell den Juristen vorbehalten sein. Auf einige Ausführungen wird hier aber dennoch nicht gänzlich verzichtet, da sie für den Leser wichtig sein können.

Im Unterschied zum verbücherten Wohnungseigentum ist ein ideeller Miteigentümer mit seinem Anteil bloß *schlichter Miteigentümer* an einer Gesamtliegenschaft. Das heißt, wenn jemand zu einem Drittel ideeller Miteigentümer der Liegenschaft ist, dann gehört ihm an jedem Quadratzentimeter der Immobilie ein ideelles Drittel; das reicht von der Dachspitze eines Hauses bis zum Keller. Auch das Grundstück samt Außenanlagen ist davon betroffen, die übrigen 2/3 jedes Quadratzentimeters gehören dem anderen Miteigentümer. So müssen prinzipiell auch alle Mieterträge, die eine solche Liegenschaft abwirft, im gleichen Verhältnis aufgeteilt werden. Bei einer anstehenden Vermietung gibt es Einschränkungen, die ebenfalls zu berücksichtigen sind. Beim Wohnungseigentum hingegen wird dem Wohnungseigentümer neben seinen „Miteigentumsanteilen" zusätzlich ein ausschließliches Nutzungsrecht über bestimmte Teile der Liegenschaft zugestanden.

Es können zwar zwischen den Eigentümern Nutzungsvereinbarungen getroffen werden, die auch bei ideellem Miteigentum einzuhalten sind und auch eine entsprechende Bedeutung haben. In einer Nutzungsvereinbarung kann auch das Zufließen von Mieterträgen abweichend vom Miteigentumsanteil vereinbart werden. Prinzipiell muss man aber feststellen, dass das Wohnungseigentum auch in diesem Bereich die sicherere Variante ist.

Wird ein Versteigerungsverfahren hinsichtlich eines Miteigentumsanteiles eingeleitet, dann wird zunächst zwar nur der zu exekutierende Miteigentumsanteil für das Exekutionsverfahren herangezogen, spätestens aber wenn der Gerichtssachverständige zur Befundaufnahme erscheint, dann ist *zunächst* einmal die gesamte Liegenschaft als solche „das Bewertungsobjekt", wovon dann zwar in weiterer Folge der entsprechende vom Verfahren betroffene Anteil „herausgerechnet" wird. Aber der von der Exekution nicht betroffene Miteigentümer muss prinzipiell das Prozedere einer Befundaufnahme gleichermaßen über sich ergehen lassen und gegebenenfalls auch Rede und Antwort darüber geben, was Mieteinnahmen, Nutzungsvereinbarungen etc. betrifft, schon aus Eigeninteresse, um seine Rechte zu wahren.

Üblicherweise wird in solch einem Gutachten vom Rechenresultat ein wertmindernder Anteilsabschlag vorgenommen, das deshalb, da man über ideelles Miteigentum in der Regel nur beschränkt verfügen kann. Die Höhe des Abschlages hängt vom Bewertungsobjekt ab und sollte vom Sachverständigen begründet werden. Beispielsweise wird der Abschlag bei einem kleinen Einfamilienhaus relativ hoch ausfallen, da im Falle eines Verkaufes fremde Personen sich kaum Küche, Bad, WC und andere Räume teilen werden. Ein Verkauf wäre in diesem Falle äußerst schwer zu realisieren. Hingegen ist ein potentieller Käufer eher bereit den Nachteil des schlichten Miteigentums bei einem großen, zur Gänze vermieteten Zinshaus zu akzeptieren. Hier würde der Abschlag wahrscheinlich geringer ausfallen. Jetzt wird man leichter verstehen, warum Kreditgeber eher zur Vorsicht beim Miteigentum neigen, was wiederum für das Wohnungseigentum spricht, wo es die angesprochenen Probleme von vornherein nicht gibt.

Wohnungseigentum und Nutzwertgutachten

Was sind eigentlich „Wohnungseigentumsobjekte"? Wohnungseigentumsobjekte sind nicht nur Wohnungen, sondern auch sonstige selbständige Räumlichkeiten und Abstellplätze für Kraftfahrzeuge (wohnungseigentumstaugliche Objekte), an denen Wohnungseigentum begründet wurde. Im Wohnungseigentumsgesetz werden weiters auch andere Liegenschaftsteile angeführt, an welchen ebenfalls eine ausschließliche Nutzung zugestanden wird: Das sind etwa Keller- oder Dachbodenräume, Hausgärten oder Lagerplätze.

In Nutzwertgutachten jüngeren Datums sind alle oa., auf einer Liegenschaft befindlichen „Liegenschaftsteile" akribisch jeweils samt Flächenausmaßen angeführt. Die Nutzflächen spielen eine ganz wichtige Rolle, da diese in weiterer Folge mit einem vom Sachverständigen zu vergebendem Faktor vervielfältigt werden, um zu einem so genannten Nutzwert zu kommen. Dieser Faktor, der nach der Verkehrsauffassung den Wert des Wohnungseigentumsobjekts erhöht oder vermindert, ist im Nutzwertgutachten zu begründen. Dieser „Wert" hat allerdings nichts mit einem „Verkehrswert" zu tun, sondern ist bloß ein gebäudeimmanenter Wert, um die einzelnen Wohnungseigentumsobjekte jeweils ineinander in ein Verhältnis setzen zu können! Ein auf diese Weise errechneter Nutzwert bzw. Mindestanteil ist letztlich jener Mit- und Wohnungseigentumsanteil, der im Grundbuch mit einer Bruchzahl einverleibt wird. Sofern zwischen den Miteigentümern vertraglich nichts anderes vereinbart ist, werden künftig alle die Liegenschaft betreffenden Aufwendungen (Betriebskosten etc.) auf Basis dieses Mindestanteiles aufgeteilt.

Wenn jemand je einmal auf die Idee kommen sollten, ein Nutzwertgutachten bis ins letzte Detail nachvollziehen zu wollen, dann viel Spaß! Was in einem „Parifikat" anfänglich als logisch und einfach erscheint, entpuppt sich schnell zu einem teilweise nur schwer begreiflichen Rechenkonstrukt. Nur ein kleiner Einblick: Einmal wird eine Terrasse mit einer Zuschlagsberechnung zu einer Wohnung berücksichtigt, dann wiederum kann eine Terrasse zu einem „Zubehör-Wohnungseigentum" mutieren, oder: eine Garage darf nicht immer als solche bezeichnet werden, einmal ist es möglich, dann wieder nicht, obwohl im Einreichplan als „Garage" bezeichnet. Kellerabteile sind in der Regel „Zubehör-Wohnungseigentum", Kellerräume mit „wirtschaftlicher Bedeutung" hingegen, können „sonstiges selbständiges Wohnungseigentum" sein, ab wieviel Quadratmeter ein Kellerraum eine wirtschaftliche Bedeutung hat, ist der Judikatur zu entnehmen. Auch wann ein Wert gerundet werden darf und wann nicht, ist exakt festgelegt. Macht man es nicht genau nach Vorschrift, ist das Gutachten falsch und unbrauchbar. Die Liste an Kuriositäten und Besonderheiten ließe sich weiter fortsetzen. Um die Vielzahl an Vorschriften möglichst ausgiebig aufzuzeigen und zu deuten, gibt es unzählige Kommentare und Anleitungen, die man beim ersten Lesen oft nur schwer durchblickt. Schachbücher sind dagegen einfach und logisch!

Allein für das Verständnis, was als Nutzfläche im Sinne des Wohnungseigentumsgesetzes zu gelten hat, wurden neben der genauen Gesetzesdefinition sicherheitshalber zur Klarstellung viele Aufsätze geschrieben, damit ja nichts daneben geht! Leider oft ohne Erfolg, wie immer wieder die Zurückweisungen beim Grundbuchsgericht zeigen. Ein Ende der Regulierungslust ist nicht abzusehen, im Gegenteil: In regelmäßigen Abständen werden neue Kreationen in die Welt gesetzt, um es noch komplizierter zu machen. Man könnte anregen, dass Mike Krüger den österreichischen Wohnungseigentümern künftig mit einer "Nippel-Lasche-Parifizierungs-App" zur Seite stehen möge.

Eigentlich ginge es viel einfacher, denn in anderen Ländern gibt es auch Eigentumswohnungen und das ganz ohne komplizierte Rechen- und Bewertungsvorgänge. Aber man hat sich in Österreich an diese wohl einzigartige Usance schon sehr gewöhnt und es lebt sich offensichtlich recht gut damit.

Mit dem exakt reglementierten Wohnungseigentumsgesetz insbesondere den darin implementierten komplexen Bestimmungen zur Nutzwertfestsetzung geht automatisch eine Fehleranfälligkeit einher, die in der Praxis laufend zu schwerwiegenden Folgen mit schadensrechtlichen Konsequenzen führt.

Schon einige Quadratzentimeter, die beispielsweise beim Weglassen einer Zwischenmauer logischerweise ein anderes Flächenausmaß einer Wohnung ergeben und somit auch das Flächenverhältnis und in weiterer Folge höchstwahrscheinlich auch das Nutzwertverhältnis aller Wohnungseigentumsobjekte der Gesamtanlage verändern, können zu unangenehmen Auswirkungen führen. Was es heißt, bei allen Verträgen und bei fortgeschrittenem Stadium auch im Grundbuch bereits eingetragene Anteile diese Korrektur vorzunehmen, davon können Vertragserrichter ein Lied singen. Je größer die Wohnungseigentumsanlage, desto schwerer wirken sich Fehler aus: Gegebenenfalls müssen sämtliche (!) Grundbuchsanteile geändert werden, was teuer werden kann.

Es muss aber gar kein Fehler des Gutachters sein. Häufiger kommen Diskrepanzen aus anderen Gründen zustande: Bei Neubauten ist es eher wahrscheinlich, dass eine auf Basis des behördlich genehmigten Bauplanes erstellte Parifizierung plötzlich deshalb obsolet ist, weil der Bau eines Gebäudes vom ursprünglich genehmigten Einreichplan über die gesetzlich definierte Bagatellgrenze hinweg, abweicht. Diese Situation kommt vor allem deshalb immer wieder zustande, weil Bauträger im Stadium des Baubeginns oft optimistisch davon ausgehen, dass sich bis zur Bauvollendung ohnehin keine vom Einreichplan abweichende Änderung ergeben wird.

Es kommt übrigens gar nicht so selten vor, dass entweder Loggien vom Einreichplan abweichend verglast werden oder an Stelle einer ursprünglich vorgesehenen Terrasse ganze Wintergärten entstehen, Wohnungen zusammengelegt oder umgekehrt, geteilt werden. Die Aufzählung ist natürlich nicht vollständig. In gröberen Fällen entsteht auch schnell ein Konflikt mit dem Baugesetz bzw. der Bauordnung. Selbst wenn nachträglich eine Baugenehmigung erwirkt werden kann, stimmt in diesen Fällen natürlich in Folge nahezu immer auch die Nutzwertberechnung nicht mehr, sodass ein neuerliches, auf die aktuellen Gegebenheiten abgestimmtes Nutzwertgutachten mit allen sich daraus ergebenden Konsequenzen erforderlich ist.

Baubehördlicher Konsens

Ändert sich beispielsweise „nur" der Grundriss im Inneren eines Wohnungseigentumsobjektes oder wird nachträglich ein WC eingebaut, so gehen leider auch Baufachleute immer noch davon aus, dass Änderungen im Inneren eines Gebäudes ohnehin bewilligungsfrei sind und daher umgehend im Parifikat berücksichtigt werden können. Angenommen, es handelt sich beispielsweise bezogen auf die Gesetzeslage in der Steiermark tatsächlich um ein bewilligungsfreies Bauvorhaben, dann ist aber auf jeden Fall zunächst der Bauherr verpflichtet, diese beabsichtigte Maßnahme vor ihrer Ausführung der Gemeinde „mitzuteilen". Diese Bestimmung hat man deshalb aufgenommen, um der zuständigen Baubehörde die Möglichkeit zu geben, von sich aus prinzipiell feststellen zu können, ob es sich tatsächlich um ein bewilligungsfreies Bauvorhaben handelt; zum Beispiel könnte es sich um eine tragende Mauer handeln, die beseitigt werden soll. Da ist es sehr wahrscheinlich, dass die Baubehörde in einem Genehmigungsverfahren Auflagen vorschreibt. Umsichtige Nutzwertgutachter verlangen daher für eine entsprechende Berücksichtigung im Nutzwertgutachten den Nachweis einer „Mitteilung" gem. § 21 Abs. 3 Stmk. BauG bzw. eine Bestätigung der Baubehörde, dass hinsichtlich der mitgeteilten Baumaßnahmen keine Bedenken bestehen. In anderen Bundesländern gibt es ähnliche Bestimmungen.

Was Grundlagen einer Nutzwertfestsetzung sind und als Basis für die Berechnung zu gelten hat, ist leider auch immer wieder ein leidiges Diskussionsthema: Der zweite Satz im nachstehend angeführten Paragraphen des Wohnungseigentumsgesetzes ist m. E. irreführend oder zumindest nicht präzise genug formuliert, wenn es heißt:

§ 7. Die Nutzfläche ist in Quadratmetern auszudrücken. Sie ist auf Grund des behördlich genehmigten Bauplans zu berechnen. Ist dies jedoch nicht möglich oder wird eine Abweichung des Bauplans vom Naturmaß des jeweiligen Wohnungseigentumsobjekts um mehr als 3 vH erwiesen, so ist dessen Nutzfläche nach dem Naturmaß zu berechnen.

Stellen sie sich folgendes Szenario vor: Ein Bauträger errichtet abweichend vom behördlich genehmigten Bauplan ein wesentlich größeres Bauwerk, überschreitet bei weitem die vorgegebene Bebauungsdichte/ Bauklasse und steht auf dem Standpunkt, dass aufgrund der Abweichung von mehr als 3 vH die Erweiterung mitparifiziert werden kann, ja sogar muss. Angenommen der Gutachter entspricht dem Wunsch des Bauträgers und parzifiziert mehrere, baubehördlich nicht genehmigte Dachwohnungen. Darauf aufbauend, würden vom Notar die Verträge beglaubigt, von der Bank finanziert und was durchaus nicht auszuschließen ist, im Grundbuch intabuliert. Erst später stellt die Baubehörde die konsenslos errichteten Dachgeschosswohnungen fest und verordnet die Rückführung. Welch ein Desaster! Was zunächst irreal klingt, führt allerdings - man möchte es nicht glauben - in der Praxis wiederholt zu ernsthaften Diskussionen.

Umparifizierung

Immer häufiger werden in den letzten Jahren so genannte „Umparifizierungen" in Auftrag gegeben. Umparifizierungen sind insbesondere dann nötig, wenn beispielsweise am Wohnungseigentumsobjekt bauliche Veränderungen, wie später erfolgte Dachbodenausbauten oder sonstige Um- und Zubauten in einem Gebäude vorgenommen werden. Auch Änderungen am Wohnungseigentum – Zubehör, wie Garten- oder Hofflächen, aber auch Widmungsänderungen (ursprünglich Büro oder Geschäft zu künftig Wohnung) können Anlassfälle für eine Umparifizierung sein.

An einer Umparifizierung und somit zu einer Änderung der Mit- und Wohnungseigentumsanteile eines WE- Objektes würden unter Umständen solche Wohnungseigentümer interessiert sein, die sich eine Reduktion ihrer Anteile erwarten. Ist weniger wirklich mehr? Weniger Anteile zu haben, bedeutet in der Regel für weniger Betriebskosten aufkommen zu müssen. Gleichzeitig kann es aber auch dazu führen, weniger Stimmrechte innerhalb einer Wohnungseigentümerschaft zu haben. Daher sollten sich Wohnungseigentümer vorher überlegen, ob sie einer baulichen Änderung zustimmen. Allerdings kann es aber auch sein, dass eine Zustimmung ohnehin schon Jahre zuvor in einem Wohnunungseigentumsvertrag ausdrücklich erteilt wurde, an die man sich gar nicht mehr erinnern kann. Ob mit einer Umparifizierung oder Neufestsetzung der Nutzwerte wirklich eine Betriebskostenredukuktion einhergeht, hängt auch von einem eventuell schon vereinbarten Aufteilungsschlüssel aller Miteigentümer ab, wenn beispielsweise abweichend vom Mindestanteil (Wohnungseigentumsanteil) ein Aufteilungsschlüssel nach sonstigem Gutdünken vereinbart wurde (z.B.: 1/2 : 1/2 oder zu je 1/6...).

Bei einer Neufestsetzung verändern sich, von ganz wenigen Ausnahmen abgesehen, auch die Mit- und Wohnungseigentumsanteile (auch Mindestanteile genannt). An dieser Stelle ist das Bruchrechnen angesagt! Wenn beispielsweise ein WE- Objekt vor dem Umbau einen Mindestanteil von 124/928 (ger.13,36%) hatte und aufgrund der Neufestsetzung der Nutzwerte danach nur mehr 124/1012 (ger.12,25%) Anteile aufweist, so ist deshalb das WE-Objekt als solches in der Natur nicht kleiner geworden und hat prinzipiell auch den gleichen Marktwert wie zuvor. Da jedoch auch im Bewertungswesen Perversitäten nicht auszuschließen sind, könnte man theoretisch behaupten, dass durch den Ausbau eines Dachbodens auch ein vermehrter Personenverkehr einherginge und dadurch die ursprüngliche Ruheidylle nicht mehr gegeben sei und die Wohnung folglich auch an Wert verlieren würde. Umgekehrt könnte man bei einiger Phantasie sicherlich auch Positives ins Treffen führen; aber diese Haarspalterei wollen wir hier lieber nicht mehr weiter diskutieren.

Eine Umparifizierung oder Neufestsetzung ist für Sachverständige eine nicht immer leicht zu vollziehende Arbeit, da Gutachten teilweise bis an die Anfangszeiten des Wohnungseigentumsgesetzes zurückreichend, zu überarbeiten sind. Die Schwierigkeit liegt vor allem darin, dass vor Jahrzehnten völlig anders parifiziert wurde. Ursprünglich rechnete man sogar mit „Friedenskronen". Auch die Ab- und Zuschläge wurden im vorigen Jahrhundert anders vorgenommen. Um auf das alte Gutachten aufzusetzen, sollte möglichst die Kontinuität des ursprünglichen Gutachtens beibehalten werden, um das Verhältnis der WE-Objekte zueinander dem alten Gutachten entsprechend, aufrecht zu erhalten. Das heißt, dass beispielsweise ein Dachboden mit den Kriterien des Urgutachtens zu bewerten sein wird, selbst wenn heute andere Regeln gelten. Eine Neufestsetzung ist überdies noch vor Abgabe des Grundbuchsgesuches, beim Schlichtungsamt (in Städten) oder beim zuständigen Bezirksgericht im Außerstreitverfahren einzubringen. Dort wird das Nutzwertgutachten unter Einbindung der betroffenen Wohnungseigentümer geprüft und gegebenenfalls in einer „Entscheidung" als rechtens bestätigt. Danach kann das entsprechende Grundbuchsgesuch zwecks Einverleibung der Wohnungseigentumsanteile eingebracht werden. Diese Schritte übernehmen üblicherweise die Vertragserrichter.

Unter Umständen ist es leichter, das alte Wohnungseigentum zu löschen und ganz neu aufzusetzen. In solch einem Fall würde das Nutzwertgutachten nach heutiger Machart gänzlich neu erstellt werden. Nachteilig ist dabei, dass gegebenenfalls die Grundrisse aller Tops überarbeitet oder zumindest hinsichtlich des Baukonsenses überprüft werden müssen, da erfahrungsgemäß im Laufe der Jahre in den einzelnen Wohnungen meistens bauliche Veränderungen vorgenommen wurden.
Nicht zu unterschätzen ist es, dass für eine Umparifizierung immer die Zustimmung aller (!) Wohnungseigentümer einer Liegenschaft oder als Ersatz dafür ein entsprechender Beschluss des Bezirksgerichts erforderlich ist. Bei einer größeren Anzahl von Wohnungseigentümern ein schwieriges, nicht zu unterschätzendes Unterfangen!

Wenn eine Wohnung gekauft wird, dann lohnt es sich jedenfalls, zuvor das entsprechende Nutzwertgutachten einzusehen, die in den Urkundensammlungen der Grundbuchsgerichte bei den jeweils zuständigen Bezirksgerichten einliegen. Ab einem bestimmten Datum - von Bezirksgericht zu Bezirksgericht unterschiedlich - sind Nutzwertgutachten über das Internet abrufbar. Wie schon vorhin erwähnt, sind im Parifizierungsgutachten alle Liegenschaftsteile angeführt, die zum Wohnungseigentumsobjekt gehören, welches Flächenausmaß das Objekt aufweist oder ob und gegebenfalls wo sich ein Abstellplatz für Kfz befindet, der mitverkauft werden soll. Es lohnt sich also unbedingt anzusehen, was man kauft! Gerade bei Autoabstellplätzen könnten sich Ungereimtheiten herausstellen. Manchmal sind sich Verkäufer selbst nicht darüber im Klaren, dass sie gar keinen Abstellplatz für Kfz als "Wohnungseigentum" zur ausschließlichen Nutzung besitzen, weil es jahrelang so Usus war, dass sie einen bestimmten Platz unwidersprochen alleine für sich beanspruchten. Wenn diese Usance auch jahrelang von den Miteigentümern geduldet wurde, so heißt das aber nicht automatisch, dass man das beim nächsten Wohnungseigentümer durchgehen lässt. Ein typischer Fall, bei dem Streitigkeiten vorprogrammiert sind!

ALLGEMEINE TEILE

Liegenschaftsteile, die im Nutzwertgutachten nicht explizit als WE- Objekte "vergeben" und bewertet wurden, sind "Allgemeinteile" der Liegenschaft. Das sind beispielsweise jene Teile, die als Zugangsflächen zu den einzelnen WE-Objekten logischerweise "allgemein" sein müssen (z.B. Stiegenhäuser, Hofflächen etc.). Auch Heizräume, Technikräume etc., die zum allgemeinen Betrieb einer Wohnungseigentumsanlage erforderlich sind, müssen laut gesetzlicher Bestimmungen "allgemein" bleiben. Letztere sind in den meisten neueren Gutachten eigens angeführt.

Auch der ursprüngliche Wohnungseigentumsvertrag sollte eingesehen werden, da dort eventuell Nutzungsvereinbarungen ersichtlich sind, an die sich gegebenenfalls auch hinzukommende, neue Wohnungseigentümer zu halten haben. Wohnungseigentumsverträge sind in den Urkundensammlungen der Grundbuchsgerichte einsehbar; zeitlich nicht zu weit zurückliegende Verträge kann man ebenfalls über das Internet abrufen.

INFOS EINHOLEN

Eine wichtige und ergiebige Auskunftsstelle ist die Hausverwaltung. Man erfährt dort quasi "amtlich", wie hoch Betriebskosten, Heizungskosten oder die monatliche Vorschreibung für die Reparaturrücklage sind. Möglicherweise wurde von der Hausgemeinschaft auch ein außerbücherliches Reparaturdarlehen aufgenommen, das auch ein künftiger Wohnungseigentümer mitzutragen hat. Es handelt sich also um eine Belastung, die nicht im Grundbuch einverleibt ist und daher im Kaufpreis unbedingt berücksichtigt werden sollte.

Auch weitere sonstige, so genannte "obligatorische" Rechte oder Pflichten, die nicht im Grundbuch eingetragen sind, sollten jedenfalls erkundet werden, entweder in der Urkundensammlung, beim Hausverwalter oder Makler. Dringend raten möchte ich jenen, die vor einem Wohnungsankauf stehen, sich zu erkundigen, ob eine Hausrenovierung bevorsteht. Denn sollte für eine bevorstehende Renovierung keine Reparaturrücklage vorhanden sein, so werden gewöhnlich auch künftige Wohnungseigentümer für die Bezahlung der Renovierungskosten ebenfalls herangezogen und das kann wirklich ins Geld gehen. Auch sollte man sich bei der Hausverwaltung erkundigen, ob Prozesse oder Außerstreitverfahren anhängig sind.

Die angesprochenen Punkte wird allerdings ein routinierter und umsichtiger Vertragserrichter ohnehin erkunden und mit den Vertragspartnern erörtern. Eine gewisse Vorarbeit kann aber deshalb nicht schaden, da schon in einem frühen Stadium zwischen den Vertragsparteien diverse Unklarheiten ausgesprochen und verhandelt werden können, noch bevor man sich beim Vertragserrichter einfindet.

AUFTEILUNG VON IMMOBILIEN UNTER ERBEN

Ein äußerst sensibles Thema ist das Vererben und das reale Aufteilen einer Liegenschaft unter Familienmitgliedern. Da sich viele Immobilien, insbesondere Mehrfamilienhäuser wertmäßig kaum exakt teilen lassen, sind Unstimmigkeiten unter den Proponenten fast vorprogrammiert. Die Probleme liegen in der Natur der Sache, denn selbst zwei in einem Gebäude nebeneinander liegende, gleich große Wohnungen im selben Stockwerk müssen nicht von vornherein den gleichen Wert haben. Während eine Wohnung gut erhalten ist, kann die andere stark renovierungsbedürftig sein. Auch die nicht marktgerechte Vermietung einer der beiden Wohnungen könnte zur Ungleichheit führen. Unterschiedsmerkmale können weiters die Stockwerkslage (mit oder ohne Lift), die Lage an einer verkehrsreichen Straße, die Größe einer Wohnung, die Raumaufteilung u.v.m. sein. Wie solch eine gerechte Real-Aufteilung erfolgen soll, das wird zunehmend nicht mehr ohne professionelle Hilfe abgehen können. Auf mögliche Auswege komme ich gleich zu sprechen.

Als ob die oben beschriebenen Lösungsanforderungen nicht ohnehin schon groß genug wären, kommen vielleicht noch fiskaltechnische Aspekte hinzu, die zum Anlass führen, Erbangelegenheiten noch schnell vor einer bevorstehenden Gesetzesänderung unter Dach und Fach zu bringen, in der Hoffnung, sich und den Angehörigen einige Euro Steuern zu ersparen. Meist führt das zu überstürzten Handlungen, die dann möglicherweise in einer momentan empfundenen Gefühlssituation entschieden werden.

Je nach Finanzbedarf und dem Goodwill der jeweils herrschenden Politikerklasse wird bekanntlich vorallem im Immobiliengeschehen in regelmäßigen, immer kürzeren werdenden Abständen ein gesamtes Volk durch auferlegte Mehrbelastungen in einen Unruhezustand versetzt. Ein Zustand, der jedes Mal Heerscharen von Betroffenen die Kanzleien der Rechtsanwälte, Steuerberater und Notare stürmen lässt.

In diesen Zeiten sind Rechtsberater aus Erfahrung hoffnungslos überlastet und trotz fachgerechter Aufklärung entscheiden sich Klienten in dieser Stresssituation oft zu Handlungen, die sie später bereuen. Ein erst einmal abgeschlossener Vertrag ist immer folgenschwer und lässt sich gewöhnlich nicht ohne Weiteres rückgängig machen. Auch sollte man nicht die damit einhergehenden Kosten für Gutachten und Rechtsberatung unterschätzen. Wie es sich zeigt, rollt die Fiskalwalze ohnehin stetig weiter und ob man sich von Immobiliensteuern langfristig überhaupt noch befreien kann, wage ich sehr zu bezweifeln. Spontane Handlungen sollten aus diesem Grunde sehr gut überlegt werden.

Aber zurück zur „gerechten" Aufteilung eines zu vererbenden Vermögens unter mehreren Nachkommen: Wie schon oben beschrieben, ist es aufgrund der Heterogenität einer Immobilie nur schwer möglich, eine exakte Aufteilung in Realita vorzunehmen. Ich will mich hier bewusst nicht in eine umfangreiche Anleitung verlieren, da diese Angelegenheit wirklich viel Erfahrung, Wissen und Fingerspitzengefühl erfordert. Betroffenen rate ich daher, sich eines Immobilien-Sachverständigen zu bedienen.

Wie eine Aufteilung erfolgen kann, hängt sehr vom Immobilientyp ab. So wird man ein Einfamilienhaus real kaum zu gerechten Teilen in zwei oder mehr voneinander unabhängige Bereiche trennen können.

Angenommen Erben einer Liegenschaft wollen diese nicht veräußern: Eine ungünstige Variante wäre, wenn sich die Erben jeweils mit ihrer zustehenden Anteilsquote im Grundbuch als ideelle Miteigentümer eintragen ließen. Das könnte später zur Folge haben, dass selbst bei (zunächst) bestem Auskommen unter den Erben, später deren Kinder oder hinzukommende Partner mit dieser Situation nicht mehr einverstanden sind. Die Gründe für Auseinandersetzungen zwischen ideellen Miteigentümern können sehr vielseitig sein, ich will daher nur einige beispielhaft anführen: Bedarf einer größeren Wohnung, als die ursprünglich zugewiesene, Unstimmigkeiten bei einer bevorstehenden Vermietung, Nutzungsansprüche (Gartenflächen, Keller etc.), Verkauf der ideellen Miteigentumsanteile, Ausbau einer Dachbodenfläche u.v.m.

Um diese absehbaren Streitigkeiten in Zukunft zu vermeiden, empfiehlt es sich vor allem in dieser Situation an der Liegenschaft Wohnungseigentum zu begründen.

Erster Schritt: Noch vor einer de facto Verteilung der einzelnen Wohnungseigentumsobjekte, sollte zunächst ein vorläufiges Nutzwertgutachten in Auftrag gegeben werden, damit man erst einmal eine Diskussionsgrundlage für eine spätere Verteilung schafft. Bei der „Gestaltung" bzw. Zusammenstellung der künftigen Wohnungsobjekte ist es zweckdienlich, dabei schon im Groben die Wünsche der jeweiligen Personen zu berücksichtigen.

Zweiter Schritt: Nun wird jedes Wohnungseigentumsobjekt der Liegenschaft einzeln für sich getrennt von einem objektiven Sachverständigen bewertet, wobei Investitionsbeträge, die ein Erbe gegebenenfalls bereits aus seiner eigenen Tasche vorgenommen hat, berücksichtigt, also abgezogen werden.

Dritter Schritt: Alle "Verkehrswerte" der einzelnen Wohnungseigentumsobjekte einer Liegenschaft werden summiert; anschließend wird ausgehend von dieser Gesamtsumme, die einem Erben zustehende Quote errechnet. Dieser Wert sollte ihm nun in Form von Wohnungseigentumsobjekten zuerkannt werden.

Vierter Schritt: Vergabe der einzelnen Objekte. Erfahrungsgemäß geht sich die Verteilung im ersten Versuch fast nie glatt aus. Es bleiben meistens Differenzen übrig. Sollte daher einem Erben beispielsweise nach Zuteilung einer bestimmten Wohnung mit angenommen einem Wert von 100.000 Euro der zuvor aus der Gesamtliegenschaft errechneten Quote (beispielsweise insgesamt 170.000 Euro), ein weiterer Betrag also 70.000 Euro zustehen, dann müsste man ihm folglich ein zusätzliches Wohnungseigentumsobjekt zukommen lassen, das etwa dem Wert von 70.000 Euro entspricht.

Auf diese Weise kann man die einzelnen Wohnungseigentumsobjekte hin und herschieben, bis letztlich jeder der Erben den ihm zustehenden Geldeswert in Immobilienform erhalten hat. Feinabstimmungen sind etwa auch durch Hinzugabe oder Wegnahme von kleineren Liegenschaftsteilen, wie etwa einem Abstellplatz für Kfz, Kellerabteile oder Gartenzubehörflächen möglich. Besonders bei letzteren Flächen kann man iterativ durch Verkleinerungen oder Ausweitungen entsprechende Ausgleiche erreichen.

Derartige Änderungen müssten dann gegebenenfalls auch bei der Parifizierung und bei der Verkehrswertberechnung berichtigt werden. Insgesamt ist dieser Vorgang, gerade bei streitverfangenen Aufteilungsverfahren ein umfassendes Projekt. Wie schon gesagt, ohne einen versierten und außenstehenden Sachverständigen mit viel Fingerspitzengefühl und den Fähigkeiten eines Mediators wird dieses Unterfangen misslingen. Vorteilhaft ist es jedenfalls, wenn ein Sachverständiger neben seiner Erfahrung auch über entsprechende digitale Möglichkeiten verfügt, da der Sachverständige damit schnell auf Ausgleichswünsche eingehen kann.

Wenn sich alle Erben auf dieser Basis geeinigt haben, kann ein Vertragserrichter die entsprechende Aufteilung auch grundbücherlich durchführen. Sollten noch geringfügige Differenzen übriggeblieben sein, so ist eine Abgeltung dieser Ausgleichsansprüche in bar empfohlen.

Fairerweise muss man aber auch feststellen, dass eine exakte Aufteilung ohne „Wenn und Aber" wahrscheinlich auch mit noch so viel Engagement nicht möglich sein wird. Eine einvernehmliche Lösung ist aber allemal besser, als ein kostspieliges Verfahren vor Gericht.

Neu/Zubau auf der elterlichen Liegenschaft

Wird auf der elterlichen Liegenschaft, also auf demselben Grundbuchskörper neben dem bestehenden Haus ein weiteres Gebäude gebaut, eventuell aufgestockt oder ein Zubau errichtet, dann sollte unbedingt ein Punkt beachtet werden, auf den hier kurz eingegangen wird. Was auf den ersten Blick nämlich plausibel und einfach erscheint, kann zu Konflikten unter den Geschwistern führen, wenn nicht von vornherein klare Verhältnisse geschaffen werden. Um späteren Streitigkeiten aus dem Wege zu gehen, bedarf es hinsichtlich der einzelnen Liegenschaftsteile einer klaren Nutzungsabgrenzung, die am besten auch in diesen Fällen mit der Begründung von Wohnungseigentum erreicht wird.

Die bloße Miteigentümerschaft wäre aus verschiedenerlei Gründen keinesfalls optimal, wie schon oben angeführt wurde. „Wohnungseigentum" ist prinzipiell auch schon deshalb vorteilhaft, da es möglich ist, Hypotheken ganz klar abgegrenzt, beispielsweise nur auf dem aufgestockten Gebäudeteil oder dem neu errichteten Haus grundbücherlich sicherzustellen, ohne die Eltern damit zu belasten. Auch eigentumsrechtlich kann etwa eine hinzugezogene Person, die zur Errichtung eines komplett neuen Gebäudes oder der Aufstockung finanziell beigetragen hat, entsprechend abgesichert werden, ohne später bei Ableben der Eltern sich mit den Erben herumstreiten zu müssen. Wäre diese Person nämlich nur schlichte Miteigentümerin, würde in der Regel nämlich zunächst auch das neu errichtete Haus in die Erbmasse fallen und danach einer Aufteilung unterliegen. Schlimmstenfalls hätte dann etwa eine zugeheiratete Frau auch das mit ihrem Ehemann vermeintlich in deren Alleineigentum befindliche Gebäude mit den Erben aufzuteilen.

Bei der Gestaltung einer Aufteilung ist es gerade in diesen Fällen ratsam, auch Grundstücksflächen der einen oder anderen Einheit unmissverständlich zuzuordnen. Man sollte dabei immer den worst case vor Augen haben: Angenommen der Sohn der ursprünglichen Alleineigentümer der Liegenschaft verstirbt durch einen plötzlichen Verkehrsunfall, später zieht ein fremder Mann zur verwitweten Schwiegertochter. Das Einvernehmen könnte sich in weiterer Folge als schwierig erweisen. Spätestens dann wäre es unter Umständen vorteilhaft, dass die Grundstücksflächen eindeutig definiert sind.

Wie man Richter und Rechtsanwälte richtig anredet

Am Schluss meiner Ausführungen kann ich es mir mit etwas Schmunzeln nicht verkneifen, einen Artikel des Publizisten Robert Sedlaczek wiederzugeben, den ich in der „Wiener Zeitung" entdeckte. Vielleicht ist das für den einen oder anderen Leser von Interesse, da man ja als Liegenschaftseigentümer gegebenenfalls mit RichterInnen zu tun haben wird.

Österreich gilt als ein Land, in dem Titel eine wichtige Rolle spielen. Mit kompetenter Hilfe versuche ich mich der Titelfrage zu nähern.

Vor einiger Zeit habe ich an dieser Stelle einen Beitrag mit der Überschrift "Von der Schwierigkeit, einen Polizisten anzureden" veröffentlicht. Auf vielfachen Wunsch setze ich dieses Thema fort: Heute geht es um Rechtsanwälte, Richter und Staatsanwälte.

Ich beziehe die nachfolgenden Informationen von Dr. Alfred Waldstätten, er ist Hofrat des Verwaltungsgerichtshofes und Autor des beeindruckenden Buches "Staatliche Gerichte in Wien seit Maria Theresia", erschienen 2011 im Innsbrucker "Studienverlag" und inzwischen ein wichtiges Nachschlagewerk für historisch interessierte Juristen.

Als bekannt darf ich voraussetzen, dass bei den Richtern Ende der 1970er Jahre eine titularische Sensation stattgefunden hat. Die Richter haben sich im Zuge einer Besoldungsreform die Titel Landesgerichtsrat, Oberlandesgerichtsrat, Senatsrat etc. wegverhandeln lassen. Seither gibt es nur noch Funktionsbezeichnungen wie "Richter des Landesgerichts", "Vorsteher des Bezirksgerichts", "Senatspräsident des Oberlandesgerichts".

Die Titel sind also weg, da aber die Funktionsbezeichnungen schwer zu handhaben sind, lebt die Anrede "Herr Rat" als Kurzform für Landesgerichtsrat, Oberlandesgerichtsrat etc. weiter. Die weibliche Form heißt nicht "Frau Rätin", sondern "Frau Rat". Einen Staatsanwalt spricht man mit "Herr Staatsanwalt", eine Staatsanwältin mit "Frau Staatsanwalt" an, aber es ist auch "Frau Staatsanwältin" zu hören. Die Präsidenten, Vizepräsidenten und Senatspräsidenten werden üblicherweise mit "Herr Präsident" oder "Frau Präsidentin" angesprochen.

Erhalten geblieben ist der Hofrat. Trägt ein Richter oder Staatsanwalt diesen Berufstitel, so ist er so zu titulieren. Ob eine Richterin oder eine Staatsanwältin als "Frau Hofrätin" oder "Frau Hofrat" angesprochen werden soll, ist Geschmackssache. Sie könnte auf "Hofrätin" Wert legen oder die weibliche Form als lächerlich empfinden. Hier ist Fingerspitzengefühl erforderlich. Waldstätten hat mich aufgeklärt, dass es den Titel Hofrat beim Obersten Gerichtshof und beim Verwaltungsgerichtshof gibt, allerdings nicht beim Verfassungsgerichtshof. Die Mitglieder des Verfassungsgerichts sind als solche seit jeher keine Staatsbeamten.

Außerdem hat mir mein Freund Alfred Plischnack, ein Bezirksrichter, erzählt, wie hin und wieder mit einer falschen Titelwahl kleine Giftpfeile abgeschossen werden.

Da ein Rechtsanwalt zu einem Richter im Normalfall "Herr Rat" sagt, kann die Anrede "Herr Doktor" als despektierlich empfunden werden.

Der Richter kann sich damit rächen, dass er zum Rechtsanwalt nicht "Herr Doktor", sondern "Herr Rechtsanwalt" sagt. Mit einem entsprechenden Tonfall unterlegt kann das bedeuten: "Sie sind zwar ein Anwalt des Rechts, haben aber vom Recht keine Ahnung." Seit einiger Zeit kann man es auch mit einem Rechtsanwalt zu tun haben, der nicht ein Doktor, sondern ein Magister ist. Dieser wird selbstverständlich mit "Herr Magister" angesprochen, im Zweifel auch mit "Herr Doktor".

Der Kauf einer Immobilie/ Checkliste

Vor dem Ankauf einer Liegenschaft kann man sich nie genug informieren. Setzen Sie sich daher rechtzeitig mit entsprechendem Fachpersonal in Verbindung (Notar, Rechtsanwalt, Architekt, Vermesser, Bank, Steuerberater, zuständiges Gemeindeamt etc.), bevor Sie sich endgültig für einen Kauf entscheiden! Nachstehend angeführte Checkliste sollte jedenfalls abgearbeitet werden, wobei sich je nach Objekt noch weitere Recherchen als notwendig erweisen können.

Grundbuchsauszug: (In den Bezirksgerichten erhältlich bzw. im Internet abrufbar; GBA erhält man u.a. auch beim Notar oder Rechtsanwalt). Der Grundbuchsauszug gibt Auskunft über Eigentumsverhältnisse, Grundstücksgröße, Belastungen, Rechte u.v.m.

Lageplan/ Kataster: Über das Internet abrufbar. Der Lageplan gibt Ihnen Aufschluss über die Fläche und Konfiguration der Kaufliegenschaft. Beachten Sie, dass man unter „Grundsteuerkataster" und „Grenzkataster" unterscheidet. Prinzipiell kann gesagt werden, dass man im Hinblick auf eventuelle Grenzstreitigkeiten mit dem Grenzkataster gegebenenfalls auf der sicheren Seite ist. Erkundigen Sie sich diesbezüglich bei Ihrem Vertragserrichter bzw. beim Grundbuchsgericht.

Nutzwertgutachten: (Bei Wohnungseigentum; s. Kapitel oben!).

Bestandverhältnisse: Erkunden Sie, ob Miet- oder Pachtverträge hinsichtlich des Kaufgegenstandes bestehen. Diese Verträge können eheblichen Einfluss auf den Wert der Immobilie haben!

Energieausweis: (Bei bebauten Liegenschaften)

Hausverwaltung: (Insbes. bei Wohnungseigentum und Miethäusern). Bei der Hausverwaltung kann man ua. folgenschwere Beschlüsse der Eigentümergemeinschaft, Höhe der Betriebs- und Heizkosten, Höhe der angesparten Reparaturrücklage und ev. beabsichtigte Großreparaturen erfahren. Verwaltungen geben auch über Schulden Auskunft, die nicht im Grundbuch intabuliert sind, aber ggf. vom Käufer mitübernommen werden müssen.

Zufahrt: Erfolgt die Zufahrt über öffentliches Gut? Bei Privatwegen: Ist ein entsprechendes Recht grundbücherlich abgesichert? Muss man ggf. für die Straßenerhaltung (Belagserneuerung, Beleuchtung, Pflege) aufkommen? Steigung der Straße (insbes. für den Winter relevant), sonst. Beschaffenheit: Asphalt, Makadam etc. Gibt es einen Gehsteig, für dessen Reinigung und Schneefreimachung man aufzukommen hat? Diese Verpflichtung kann prinzipiell als nachteilig angesehen werden, da Kommunen in der Regel Liegenschaftseigentümer diesbezüglich verpflichten. Sollten Sie für einige Tage verreisen wollen, müssten Sie daher entsprechend Vorsorge treffen.

Lage: Befindet sich die Liegenschaft an einer stark verkehrsfrequentierten Straße oder Eisenbahnlinie? Fluglärm: Einflugschneise?

Widmung: Beispielsweise darf in einem reinen Wohngebiet kein Geschäft (ev. auch kein Büro) betrieben werden. Achten Sie, dass auch bei bebauten Liegenschaften das Grundstück als „Bauland" ausgewiesen ist. Möglicherweise darf ein alter Gebäudebestand im Freiland zwar weiter bestehen bleiben (Punktwidmung). Problematisch kann jedoch ein Zu- oder Umbau werden. Es gibt zwar prinzipiell Erweiterungsmöglichkeiten, die aber jedenfalls mit dem Bauamt rechtzeitig besprochen werden sollten.

Bebauungsdichte/ Bauklasse: Entsprechende Informationen erhält man bei der Gemeinde, meistens ist aber auch ein Abruf im

Internet möglich. Die Bebauungsdichte/ Bauklasse gibt Aufschluss über Bebauungsmöglichkeiten am Grundstück (Ausmaß der Nutzflächen, Abstand zum Nachbargrundstück etc.).

Wasserversorgung: Ortswasserleitung, Brunnen, Quelle?

Kanal: Örtliches Kanalnetz, biologische Kläranlage, Sammelgrube?

Grundstücksneigung: Wenn das Grundstück steil abfällt, ist ev. eine Bauausführung kostspieliger. Auch die Möglichkeit einer Hangrutschung soll bedacht werden (ev.geologisches Gutachten einholen!)

Nachstehend angeführte, gebäudebezogene Informationen führen erfahrungsgemäß zu einer intensiveren Beschäftigung mit einem Kaufobjekt. Das „Abklopfen" möglichst vieler Gebäudekomponenten erspart einem gegebenenfalls vor späteren Überraschungen.

Situierung: An der Baufluchtlinie, von der Zufahrtsstraße zurückgesetzt, in Straßenhöhe, unterhalb des Straßenniveaus, oberhalb des Straßenniveaus?

Firstlinie Gebäude: (Wegen der Sonneneinstrahlung von Bedeutung)

Bauweise: Massivhaus (Ziegel, Beton, Naturstein), Fertigteilhaus, Holzbauweise

Baujahr: Für ev. anstehende Reparaturen relevant! Wurde das Gebäude regelmäßig instandgehalten? Stehen Reparaturen an? Ist die Technik funktionstüchtig?

Leitungen: Strom, Wasser, Abflüsse

Baugenehmigung: Ist der Bestand konsensmäßig? Gibt es eine Benutzungsbewilligung? Sind die Nutzflächen bzw. der Bestand mit dem behördlich genehmigten Plan kongruent? (Abweichungen müssen aber nicht unbedingt zu Beanstandungen der Baubehörde führen!) Zu einer Rücksprache mit dem Bauamt wird geraten.

Anzahl d. Geschosse: ?

Zwischendecken: Massivdecken, Tramdecken, Gewölbedecken?

Gebäudewände: Grob/Feinputz, Gegliederte Fassade, Vollwärmeschutz, Thermoputz?

Dach: Kaltdach, Warmdach, Eternit, Tondachsteine, Blechdach, Kunststoff, Bitumen, Welleternit?

Dachrinnen: Eisenblech, Kupfer, Kunststoff?

Heizung: Öl-ZH, ZH mit festen Brennstoffen, ZH Öl, alternativ feste Brennstoffe, Gas-Zentralheizung, Fernwärme, Elektroheizung, E- Nachtspeicherheizung, Erdwärme, Solarheizung, Einzelöfen, Kachelofen, Etagenheizung (Öltank), Gebläsekonvektoren etc./ Radiatoren, Fußbodenheizung, Deckenheizung, Paneelen

Öltank: Kunststoff, Stahlblech?

E-Installation: In Betrieb, veraltet, stillgelegt?

Türen, Fenster: Holz, Kunststoff, Glas, Metall, Isolierfenster, Verbundfenster, Balken, Rollos, Markisen

Treppen: Holz, Stein, Beton, Beton (verfliest), Marmor, Granit etc.

Böden: Parkett, Holzschiff, Linoleum, PVC, Fliesen, Marmor, Granit, Terrazzo, PVC, Teppichboden, Terrakotta, Asphalt, Klinker, Estrich

Garagentor: Kipptor (elektrisch, mit Fernbedienung), Flügeltor, Holz, Stahlblech, Kunststoff, Sektionaltor.

NOMENKLATUR IMMOBILIENSACHVERSTÄNDIGE

94	**IMMOBILIEN (BEWERTUNG, VERWALTUNG, NUTZUNG)**
94.01	Größere landwirtschaftliche Liegenschaften
94.02	Gärtnerisch genutzte Liegenschaften
94.03	Kleinere landwirtschaftliche Liegenschaften
94.04	Kleingärten samt darauf befindlichen Baulichkeiten iSd §§ 9 Abs. 1, 16 Abs. 1 Kleingartengesetz
94.05	Größere forstwirtschaftliche Liegenschaften
94.07	Kleinere forstwirtschaftliche Liegenschaften
94.10	Gewerblich oder industriell genutzte Liegenschaften (Baugründe)
94.15	Mehrfamilienhäuser, gemischt genutzte Liegenschaften (Baugründe, Wohnungseigentumsobjekte)
94.17	Einfamilienhäuser, Zweifamilienhäuser (Baugründe)
94.20	Wohnungseigentum
94.23	Geschäftsräumlichkeiten
94.30	Immobilienverwaltung
94.35	Immobilienvermittlung
94.60	Mietzins und Nutzungsentgelt
94.65	Baugründe
94.70	Nutzwertfeststellung, Parifizierung
94.75	Land- und forstwirtschaftliche Bauten
94.80	*Bewertung sonstiger Immobilien (bedingt aufgelassen: Keine Neueintragungen)*
94.85	Förderungswesen in der Land- und Forstwirtschaft

www.ingramcontent.com/pod-product-compliance
Lightning Source LLC
Chambersburg PA
CBHW050007230526
45465CB00003BB/1301